T0147528

De Oídas Te Conocía...

DEVOCIONAL SEMANAL

Marisa Bella

authorHOUSE®

AuthorHouse™ LLC
1663 Liberty Drive
Bloomington, IN 47403
www.authorhouse.com
Phone: 1-800-839-8640

Published by AuthorHouse   07/11/2013

ISBN: 978-1-4772-8796-5 (sc)
ISBN: 978-1-4772-8960-0 (hc)
ISBN: 978-1-4772-8961-7 (e)

DEDICACIÓN

A Jesucristo,
¡El Señor y Salvador de mi vida!

CONTENIDO

PRÓLOGO

El nombre de este devocional ha sido
tomado de un pasaje en el libro de Job,
del Antiguo Testamento, el cual al leerlo,
no podía entender como el mismo Dios le
dio permiso a Satanás para que le causara
tantos males, calamidades e infortunios
a Job, siendo un hombre bueno, recto,
integro y venerado en su ciudad.

A lo largo de esta lectura me preguntaba
por qué sus amigos lo juzgaron sin piedad,
y no podían hallar el motivo por el cual Job
sufría de tal manera. Entonces, comencé a
preguntarle a personas en la iglesia, y
nadie me pudo aclarar mis dudas.

Finalmente, encontré la clave en
el último Capítulo 42, en el versículo 5,
una declaración muy precisa y poderosa:
De oídas te conocía, ahora mis ojos te ven.
Lo que me dio un profundo entendimiento
a esa respuesta tan anhelada, pudiendo
comprender la importancia de vivir
siempre en la presencia de Dios.

Esto sucedió después de haber tenido una hermosa experiencia personal con Jesucristo, cuando un buen día, le pregunté internamente: ¿Qué es nacer de nuevo?, lo cual no tenía mucho sentido para mi hasta ese momento, cuando me respondió de una manera práctica, llenando mi corazón de su dulce amor y su inmensa paz, al punto de sentirme tan completa y satisfecha, que me hizo llorar de éxtasis y felicidad.

A partir de ese momento empecé a entender la Biblia y comencé a comprender las cosas que sólo había *oído* de la religión y tradición. Pero el Espíritu Santo nos las revela directamente y nos responde todas las preguntas que hemos tenido o queremos saber; particularmente me contestó una incógnita que guardaba desde muy joven: ¿Qué es la Trinidad de Dios? y en oración habló a mi corazón diciendo:
¡Compárame con el sol!

Con esa analogía, pude ver y entender que Dios nuestro creador está siempre presente en nuestras vidas, así como el sol nos alumbra diariamente, y sin distinción de personas, de esa misma manera la luz de Dios, que es Jesucristo, nos saca de la oscuridad y de las tinieblas de nuestra mente e ilumina nuestro corazón. Como todos sabemos, Cristo Jesús ha sido siempre llamado en la Biblia:
¡La luz que ilumina el mundo!

Así también, podemos comparar el fuego del Espíritu Santo al calor del sol, el que no se ve pero se siente. Los rayos del sol nutren y alimentan la tierra, de una manera similar el Espíritu de Dios nutre y alimenta el espíritu del hombre, que cuando se encuentra con Cristo se puede desarrollar, pues antes se encontraba en un estado latente como una semillita, en espera de ese calor divino de Dios que combinado con el *agua viva* de su Palabra, nos hace germinar y crecer, transformándonos en una nueva criatura, hasta convertirnos en un
¡árbol frondoso y fructífero!

Como verán el proceso de la luz solar hace evolucionar la naturaleza y da crecimiento a todo lo creado que se expone a sus rayos; muy semejante a la conversión, que recibe el alma, cuando nos exponemos al fuego de Dios y le permitimos que entre en nuestro corazón, convirtiéndolo en "tierra fértil", donde
¡nacemos de nuevo y damos fruto!

¡DE OÍDAS TE CONOCÍA!

De oídas te conocía; mas ahora mis ojos te ven; por tanto me aborrezco y me arrepiento en polvo y ceniza.
Job 42:5-6

Después de unos nueve meses, en los que Job lo perdió absolutamente todo, salud, familia, riquezas y buen nombre, se atrevió a enfrentar *cara a cara* a Dios, descubriendo que no lo conocía realmente. Cuando experimentamos el poder de Dios, comprobando su omnipresencia, entonces, lo hemos visto y comprendido de verdad. Al quedarse Job sin nada en este mundo, pudo discernir, que solo conocía a Dios de *oídas,* por la tradición y la religión y encarando su dolor y temor, decidió enfrentar a Dios y preguntarle:
Entonces Job le dijo a Jehová:
Yo conozco que todo lo puedes, y no hay pensamiento que se esconda de ti...
Por tanto, yo hablaba lo que no entendía; cosas demasiado maravillosas para mí, que no comprendía. Oye, te ruego, y te preguntaré, y tú me enseñarás.
Job 42:2-4
Además, los amigos de Job, juzgaron mal su dolor, porque tampoco conocían quien era Dios, ni entendían su sabiduría. Entonces Dios habló a sus amigos y dijo:
Elifaz Temanita, mi ira se encendió contra ti y tus dos compañeros,

*Porque no habéis hablado de
mi lo recto, como mi siervo Job.
Ahora, pues tomaos siete becerros,
siete carneros e id a mi siervo Job,
y ofreced holocausto por vosotros,
y mi siervo Job orará por vosotros,
pues de cierto, a él atenderé para
no trataros afrentosamente, por
cuanto no habéis hablado de mi
con rectitud como mi siervo Job.*
Job 42:7-8

Tanto a Job, por estar en medio del dolor, como a sus amigos por orgullo y religión, les tomó tiempo darse cuenta de su error; pero, tomando conciencia y reconociendo el poderío de Dios, Job volvió a gozar otra vez de sus múltiples bendiciones, por que Dios le concedió el doble de las cosas que había perdido. Finalmente, él y todos sus amigos, conocieron de verdad que Dios es real, se le puede *ver* y se le puede *hablar.* Job transformó su congoja en un práctico entendimiento de Dios, al arrepentirse y reverenciarlo en su poderío y majestad:

*Y quitó Jehová la aflicción de Job,
después que oró por sus amigos, y
aumentó al doble todas las cosas
que habían sido de Job. Después
de esto vivió Job ciento cuarenta
años, y vio a sus hijos, y a los
hijos de sus hijos, hasta la
cuarta generación. Murió
Job viejo y lleno de días.*
Job 42:10, 16 y 17

EL GRAN AMOR DE DIOS

En esto consiste el amor:
No en que nosotros hayamos
amado a Dios, sino en que El
nos amó a nosotros y envió
a su Hijo en propiciación
por nuestros pecados.
1 Juan 4:10

Amamos a Dios porque él nos amó
primero, enviando a su precioso Hijo,
Jesucristo, movido por su sempiterno e
inmensurable amor y misericordia, para
salvarnos de toda condenación. Se hizo
semejante a un cuerpo mortal para ser
inmolado y rescatarnos del pecado y
de la ley, que nos había condenado:
Y no sólo esto, sino que también
nos gloriamos en Dios por Cristo
nuestro Señor, por quien hemos
recibido ahora la reconciliación.
Porque, como el pecado entro al
mundo por un hombre y por el
pecado la muerte, así la muerte
pasó a todos los hombres, por
cuanto todos han pecado.
Romanos 5:11-12
Es algo insólito y maravilloso que
Dios el creador y soberano de todo
este universo, nos ha mirado con
compasión, y ya no vivimos bajo
la ley del mundo y del pecado:

Porque por gracia sois salvos por medio de la fe, y esto no de vosotros pues es don de Dios; y no por obras, para que nadie se glorié.
Efesios 2:8 y 9

El precioso regalo de la redención se obtiene sólo por la fe y por gracia de Dios, que enviando a Jesucristo a este mundo, nos ha librado de todo pecado, para convertirnos en sus hijos y darnos una vida eterna en el paraíso, que Adán por su rebeldía había perdido para todos:

Así también está escrito: Fue hecho el primer hombre Adán, alma viviente y el postrer Adán, Espíritu vivificante. El primer hombre es de la tierra, terrenal; el segundo hombre, que es el Señor, es del cielo.
1 Corintios 15:45 y 47

Jesucristo es el nuevo Adán que ha nacido entre nosotros para hacerse semejante al hombre, y poder pagar ese alto precio de morir en una cruz para salvarnos del merecido castigo, y conducirnos a la luz de su gloria:

Porque si lo que perece tuvo gloria, bastante más glorioso será lo que permanece. Así que teniendo tal esperanza, usamos de mucha franqueza. Pero cuando se conviertan al Señor, el velo será quitado.
2 Corintios 3:11-12 y 16

EL CORDERO DE DIOS

*El siguiente día vio Juan a Jesús
que venía a él, y dijo: He aquí
el Cordero de Dios, que quita el
pecado del mundo. Este es aquel
de quien yo dije: Después de mí
viene un varón, quien es antes de
mí; porque era primero que yo. Y
yo no le conocía... pero el que me
envió a bautizar con agua, aquél
me dijo: Sobre quien descienda el
Espíritu y que permanece sobre
El, ése es El que bautiza con el
Espíritu Santo. Y yo le vi y he
dado testimonio de que
éste es el Hijo de Dios.
Juan 1:29-30 y 33-34*

Cristo Jesús es el Cordero de Dios
que vino al mundo para ser inmolado,
y pagar el precio por nuestros pecados,
para librarnos de la condenación eterna.
Juan el Bautista lo veía por primera vez,
aunque parientes y de la misma edad:
*Y he aquí tu parienta "Elisabeth", ella
también ha concebido un hijo en su
vejez; este es el sexto mes para ella
la que llamaban estéril. Porque
nada hay imposible para Dios.
Entonces María dijo: He aquí
la sierva del Señor; hágase
en mi según su palabra.
Lucas 1:36-38*

La joven virgen María creyó sin dudar y confió que se cumpliría lo que le fue dicho. Como ella hemos sido escogidos para albergar a Jesús en nuestro corazón y espíritu, y de igual manera debemos exclamar: *Engrandece mi alma el Señor, regocijo mi espíritu en Dios mi Salvador. Por cuanto se dignó a mirar la pequeñez de su sierva... Ya que hizo maravillas a mi favor el Poderoso, aquel cuyo nombre es Santo. Y cuya misericordia es por generaciones y generaciones sobre cuantos le veneran.*
Lucas 1:46-50
El amor de Dios nos permite a todos ser bienaventurados, cuando creemos y aceptamos a Jesucristo en nuestra vida, sin condiciones ni dudas. Por eso cuando nos rendimos al Santo, Espíritu de Dios, somos bendecidos: *Bienaventurada la que creyó, pues se cumplirá lo que le fue dicho de parte del Señor.*
Lucas 1:45
Nuestro espíritu debe regocijarse, porque Dios, el creador del universo, ha tenido misericordia de nosotros y nos ha convertido en sus hijos: *Porque Dios sujetó a todos en desobediencia, para tener misericordia de todos.*
Romanos 11:32

LA CRUCIFIXIÓN DE CRISTO

*Despreciado y desechado entre
los hombres, varón de dolores,
experimentado en quebrantos...
menospreciado, y no estimado.
Ciertamente llevó todas nuestras
enfermedades, y sufrió nuestros
dolores, y nosotros le tuvimos por
azotado, herido de Dios y abatido.
Mas El lacerado fue por nuestras
rebeliones, molido por nuestros
pecados; el castigo de nuestra
paz fue sobre El, por su llaga
fuimos nosotros curados.
Isaías 53:3-5*

Desde el punto de vista médico, la
agonía del calvario fue insufrible, y
ningún ser humano la hubiese podido
resistir, pues mucho antes o durante la
intensa tortura y continuo sufrimiento,
habría muerto de deshidratación, de un
paro cardíaco o de asfixia, y no hubiese
llegado a la cruz. Esto nos evidencia que
la agonía y muerte de Jesús, fue un acto
sobrenatural y divino, que solamente un
ser supremo podría sobrevivir el camino
al Gólgota, hasta llegar a la crucifixión:
*Todos nosotros nos descarriamos
como ovejas, cada cual se apartó por
su camino; mas Jehová cargó en El,
el pecado de todos nosotros.
Isaías 53:6*

Todas las narraciones, escritas
hace más de dos mil años, tanto
en los cuatro evangelios como en
el libro de Isaías, describiendo los
sucesos de la muerte de Jesucristo,
han coincidido, sin perder detalle,
en la sangrienta agonía, tortura y
crucifixión de Cristo en la cruz:
Angustiado y afligido, no abrió
su boca y como cordero fue llevado
al matadero y como oveja delante de
sus trasquiladores, enmudeció, y en
ningún momento abrió su boca.
Isaías 53:7
A Jesucristo después de su muerte, le
dieron sepultura, para luego resucitar
al tercer día. Apareció a las mujeres
que le fueron a buscar a la tumba y
luego a los discípulos en su casa;
antes de ir a su Padre en el cielo:
Mientras ellos aún hablaban de
esas cosas, Jesús se puso en medio
de ellos, diciéndoles: Paz a vosotros,
entonces, espantados y atemorizados,
pensaban que veían un espíritu. Pero El
les contestó: ¿Por qué estáis turbados, y
vienen a vuestro corazón esos miedos?
Mirad mis manos y mis pies, que soy
yo, mismo, palpad y vedme; porque
un espíritu no tiene carne y huesos
como veis que yo tengo. Entonces,
les abrió el entendimiento, para
que discernieran las Escrituras.
Lucas 24:36-39 y 45

EL ESPÍRITU DE DIOS

Si el Espíritu de aquel que levantó de los muertos a Jesús mora en vosotros... El vivificará también vuestros cuerpos.
Romanos 8:11

La manifestación del Espíritu Santo nos vivifica con sus dones y nos hace ver las maravillas de Dios: *Pero, Dios sólo las revela por el Espíritu; porque el Espíritu todo lo escudriña, aun lo profundo de Dios. Pues ¿Quién de los hombres sabe las cosas del hombre, sino el espíritu del hombre que está en él? Así, tampoco nadie conoció las cosas de Dios sino el Espíritu de Dios.*
1 Corintios 2:10-11
En el afán de lograr las propias metas nos olvidamos de incluir a Dios en todos nuestros planes, sin darnos cuenta que su sabiduría, nos ayudará más allá de nuestra limitada mente; porque Dios, desde su altura nos habla como le conviene al alma: *A quien también hablamos, no con palabras enseñadas por sabiduría humana, sino con las que enseña el Espíritu, acomodando lo espiritual a lo espiritual.*
1 Corintios 2:13

El Espíritu de Dios vivirá en nuestro espíritu y nos llenará de su sabiduría, dejándonos ver todo claramente desde su perspectiva, llevándonos de la mano pacientemente y en todo momento, a lo largo de nuestra vida. Si obedecemos su perfecta voluntad y hemos renunciado a la hipocresía e iniquidad del mundo:

Nosotros no hemos recibido el espíritu del mundo, sino el Espíritu que proviene de Dios, para que sepamos lo que Cristo nos ha concedido y por lo cual no hablamos con palabras enseñadas con sabiduría humana, sino con las que enseña el Espíritu, acomodando lo espiritual, a lo espiritual. Pero el hombre natural no percibe las cosas que son del Espíritu de Dios, porque para él son locura, y no las puede comprender, porque se han de discernir espiritualmente.
1 Corintios 2:12-14

El Espíritu de Dios nos sustenta en la confianza de sus promesas, como hijos de Dios y coherederos del cielo:

Amados hermanos míos no erréis. Toda buena dádiva y todo don perfecto desciende de lo alto, del Padre de las luces, en el cual no hay mudanza, ni sombra de variación.
Santiago 1:16-17

SIEMPRE TEME A DIOS

Bienaventurado el hombre que siempre teme a Dios; mas el que endurece su corazón caerá en el mal.
Proverbios 8:14

Al reconocer el gran poder de Dios, su grandeza y majestad, es cuando comienza el proceso de la Salvación. El temor a Dios es primordial para el real acercamiento del hombre a Dios. Es imposible confesar a Cristo como Señor y Salvador, sin antes aceptar a Dios como Padre y Creador del universo, siempre omnisciente, omnipotente y omnipresente: *El principio de la sabiduría es el temor de Jehová. Los insensatos desprecian su sabiduría y enseñanza.*
Proverbios 1:7
Este tema vino a ser muy importante para mí después de la muerte de mis padres, que siempre fueron devotos católicos y nos enseñaron a amar, y reverenciar a Dios, siendo ejemplos de la fe y la confianza en Jesucristo. Cuando murieron me confronté con una marcada diferencia en dogmas de fe y creencias acerca del cielo, entre católicos y protestantes.

Entonces decidí preguntarle a Dios:
¿Cuál era el común denominador,
según su Palabra, para ser salvo?
Con la ayuda del Espíritu Santo,
localicé varios pasajes bíblicos,
que claramente manifestaban,
que sin un verdadero temor y
reconocimiento de Dios como
Padre, no podemos reconocer
la venida de Jesucristo en la
carne, ni su salvación eterna:
***Conociendo, pues, el temor
del Señor, persuadimos a
los hombres; pero a Dios le
es manifiesto lo que somos;
y espero que también lo sea
a vuestras conciencias.***
2 Corintios 5:11
Por lo tanto, si tememos a Dios,
tendremos una buena conciencia.
Pero, si alguien decide negar a Dios
y no reverenciarlo, para encubrir su
pecado, endureciendo su corazón,
dudará y rechazará la salvación:
***Por tanto procuramos
ausentes o presentes, serle
agradables. Porque es necesario
que todos nosotros comparezcamos
ante el tribunal de Cristo, para que
cada uno reciba según lo que haya
hecho mientras ha estado en el
cuerpo, sea bueno o sea malo.***
2 Corintios 5:9-10

¡NO HAY JUSTO, NI AUN UNO!

*Como está escrito: No hay justo,
ni aun uno; no hay quien entienda,
ni quien busque a Dios. Todos se han
desviado, a una se hicieron inútiles.
No hay quien haga lo bueno,
no hay ni siquiera uno.
Romanos 3:10-12*

Todos necesitamos de la salvación
de Jesucristo, porque todos somos
pecadores y no existe nadie que sea
justo o bueno por sí mismo, el único
bueno es Dios. Solo con la ayuda de
su gracia y por la redención de Cristo,
podremos hacer el bien, si aceptamos
la herencia de ser hijos de Dios, por la
gracia y el perdón de nuestros pecados:
*Por cuanto todos han pecado, y están
destituidos de la gloria de Dios, siendo
justificados gratuitamente por su gracia
y mediante la redención en Cristo Jesús,
a quien Dios puso como propiciación por
medio de la fe en su sangre y para poder
manifestar su justicia, a causa de haber
pasado por alto, en su paciencia, los
pecados pasados, con la mira de
manifestar en este tiempo su
equidad a fin de que El sea
el Justo, y el que justifica a
quien es de la fe de Jesús.
Romanos 3:23-26*

La salvación y redención del cristiano, no se alcanza a través de buenas obras, ni por inteligencia o sagacidad mental, sino únicamente rindiéndonos a Cristo:

Porque ¿de qué aprovechará al hombre si ganare todo el mundo y perdiera su alma? ¿O qué recompensa dará el hombre por su alma?
Marcos 8:36-37

Dios nos ha creado con la facultad de poseer su carácter y sus emociones, es decir: Su amor, gozo, paz, paciencia, amabilidad, benevolencia, fe, humildad, y auto-control. Cualidades que sólo se pueden desplegar si hemos recibido a Cristo y a su Espíritu en nuestra vida:

Si quieres recibir a Jesucristo en tu vida y poseer el carácter del Espíritu de Dios, puedes repetir esta oración: Jesús, te confieso que soy un pecador, me arrepiento de todos mis pecados y te ruego me limpies y me perdones. Te doy gracias por haber pagado tan alto precio y derramado tu preciosa sangre, hasta la muerte en la cruz del Calvario. Señor, te entrego mi mente, mi voluntad, mi carácter, para permitirle a tu Espíritu Santo transformar mi alma y poseer tu sabiduría, tus emociones y el poder de obedecer la voluntad de Dios Padre. ¡Cristo, te recibo hoy, como el único Redentor y Salvador de mi vida!

LA LEY DEL ESPÍRITU

La ley del Espíritu de vida en Cristo Jesús, nos ha librado de la ley del pecado y de la muerte. Porque lo que era imposible para la ley, por cuanto era débil por la carne, Dios, enviando a su Hijo, a semejanza de la carne de pecado y a causa del pecado, ha condenado al pecado en la carne; para que la justicia de la ley se cumpliese en nosotros, que no andamos conforme a la carne, sino conforme al Espíritu.
Romanos 8:2-4

Al aceptar a Cristo, comenzamos a vivir en el Espíritu de Dios y nos salimos del camino de la perdición. A partir de ese momento, Jesucristo comienza a llenarnos de su sabiduría, nos limpia de la impureza del mundo, renovándonos la mente y el corazón. Entonces, *La Ley del Espíritu* empieza a regir en nosotros, permitiendo que nos mantengamos en su voluntad, y tengamos la capacidad de rechazar el mal, hacer el bien y tener paz: *Apártense del mal, y hagan el bien; busquen la paz y síganla. Porque los ojos del Señor están sobre los justos, y sus oídos atentos a sus oraciones.*
1 Pedro 3:11-12

La Ley del Espíritu, no la podemos
percibir a través de los sentidos o
el intelecto, únicamente el espíritu
humano latente dentro de nosotros,
puede discernir el Espíritu de Dios:
*Porque el ocuparse de la carne es
muerte, pero el ocuparse del Espíritu
es vida y paz. Por cuanto, los designios
de la carne son enemistad contra Dios,
porque no se sujetan a la ley de Dios,
ni tampoco pueden; y los que viven
según la carne no pueden
agradar a Dios.*
Romanos 8:6-8
El vivir en Cristo es un proceso de
metamorfosis paulatina y creciente.
En la misma medida y frecuencia con
la cual hemos permitido que la Palabra
nos limpie, sane y renueve el alma; nos
será posible como hijos y herederos de
Dios, ser libres de la ley del pecado y
poder vivir en la ley del Espíritu:
*Y los que viven según la carne
no pueden agradar a Dios. Mas
vosotros no vivís según la carne,
sino según el Espíritu, si es que el
Espíritu de Dios mora en vosotros.
Y si alguno, no tiene el Espíritu de
Cristo, no es de El. Pero si Cristo
está en vosotros, el cuerpo en
verdad está muerto a causa
del pecado, mas el espíritu
vive a causa de la justicia.*
Romanos 8:8-10

REPOSAR CONFIADAMENTE

A Dios he puesto delante de mí;
porque está a mi diestra, y
no seré conmovido. Por
tanto se alegra mí corazón,
y se goza mi alma y mi cuerpo
también reposa confiadamente.
Salmos 16: 8-9

Cuando experimentamos el infinito
amor de Dios, entonces aprendemos
a reposar confiados en su protección
y alegrarnos de la seguridad que nos
brinda la guía de su Espíritu Santo,
quien nos da testimonio de que
somos hijos de Dios Padre:
Porque todos los que son guiados
por el Espíritu de Dios, éstos son
hijos de Dios y el Espíritu mismo
da testimonio a nuestro espíritu,
de que somos hijos de Dios.
Romanos 8:14,16
El Espíritu al morar en nosotros
nos transforma e intercede de tal
manera, que elimina la confusión
y nos reconforta en la debilidad:
El Espíritu nos ayuda en nuestra
debilidad; porque hemos de pedir
como conviene y no sabemos. Así,
que el Espíritu mismo intercede por
nosotros con gemidos indecibles.
Romanos 8:26

El saber que podemos plácidamente y confiadamente reposar en el Espíritu Santo, elimina la inquietud del diario vivir, y al dejarnos guiar sin reservas, tendremos la seguridad que nadie, ni nada, en este mundo, *ni ninguna cosa creada* nos podrá separar de su amor:

Por lo cual estoy seguro de que ni la muerte, ni la vida, ni los ángeles, ni los principados, ni las potestades, ni lo presente, ni lo por venir, ni lo alto, ni lo profundo, ni ninguna cosa creada, nos podrán separar del amor de Dios, que es en Cristo Jesús Señor nuestro.
Romanos 8:38-39

La vida eterna comienza al convertirnos en hijos de Dios, gracias a la redención de Jesucristo, que nos ha librado de la condenación eterna. Entonces nuestro espíritu *nace de nuevo*, al permitir que el Espíritu Santo more en nosotros, y trasforme nuestra mente y corazón. Esto sucede por el oír la Palabra, la cual nos revive y nos mantiene en una relación constante con Cristo:

Y esta es la vida eterna, que te conozcan a ti, el único Dios verdadero, y a Jesucristo a quien has enviado, y te ha glorificado en la tierra y ha acabado la obra que le diste que hiciese.
Juan 17:3-4

NUEVAS FUERZAS

Los muchachos se fatigan y se cansan, los jóvenes flaquean y caen; pero los que esperan en Jehová tendrán nuevas fuerzas; se levantarán como las águilas; correrán, y no se fatigarán.
Isaías 40:30-31

Las águilas doblan sus años de vida, y renuevan su fuerza, sometiéndose a una completa renovación voluntaria. Este proceso lo inician al envejecer, y consiste en reemplazar primeramente su pico, que se ha encorvado, y con el nuevo pico se quitarán sus garras que ya habían perdido la flexibilidad para atrapar a su presa y alimentarse. Por último, se sacan sus plumas, porque están viejas y les es fatigoso el volar. ¡El águila siempre escoge rejuvenecer! Para ello, se retira a buscar un sitio alto en la montaña, donde encuentre una roca. En ese sitio, almacena sus provisiones que ha recogido para no tener que volar y cazar por un largo tiempo. Luego se dispone a iniciar la radical transformación de sí mismo: Primero, golpea su viejo pico contra la roca, hasta arrancárselo, y espera pacientemente en el sitio, hasta que el nuevo pico se vuelva a reproducir.

Ahora, con su nuevo pico, saca sus encorvadas y viejas uñas, y de nuevo espera hasta que las nuevas vuelvan a crecer y con ellas se quita todo su plumaje y queda rejuvenecida. En nosotros pasa un cambio similar al *nacer de nuevo* en Cristo Jesús: **¡La Roca de nuestra Salvación! El, quien perdona toda nuestra iniquidad. El que sana todas las dolencias. El que rescata del hoyo nuestra vida. El que nos corona de favores y misericordia. El que sacia de bien la boca, de modo que nos rejuvenezcamos como el águila. Salmos 103:3-5**

Jesucristo, con su poder redentor, renueva totalmente al *hombre viejo* en nosotros, logrando rejuvenecernos: Primero, debemos despojarnos de una boca llena de quejas y sinsabores y de unas inservibles "garras", que son las actitudes de nuestro pasado, y por último de un "viejo plumaje", la vida pecaminosa del mundo:

No améis al mundo, ni las cosas que están en el mundo. Si alguno ama al mundo, el amor del Padre no está en él. Y el mundo y sus deseos pasan; pero el que cumple la voluntad de Dios permanece para siempre.
1 Juan 2:15 y 17

¿PARA QUE PREOCUPARSE?

*Si a la hierba del campo que hoy
es, y mañana se arroja en el fuego,
Dios la viste así, ¿no hará mucho más
a vosotros, hombres de poca fe?
Mateo 6:30*

Dios conoce exactamente todas nuestras necesidades, y todas las suplirá de donde menos lo esperamos. Por consiguiente, lo sensato que necesitamos hacer es confiar. El preocuparse y acongojarse es una falta de auténtica fe y confianza en Dios Padre. La duda nos angustiará y no será posible *agradar a Dios.* Al afanarnos, estamos diciéndole a nuestro Padre Celestial, que dudamos de su inmenso poder:
*Por tanto os digo: No os afanéis
por vuestra vida: ¿No es la vida
más que el alimento y el cuerpo
más que el vestido? Mirad a las
aves del cielo que no siembran ni
siegan, ni recogen en graneros; y
el Padre Celestial las alimenta.
¿No valéis vosotros mucho más
que ellas? Y por el vestido ¿Por
qué os afanáis? Considerad
a los lirios del campo, como
crecen, no trabajan o hilan;
pero os digo, ni aún el Rey
Salomón con toda su gloria,
se vistió como uno de ellos.
Mateo 6:25-26 y 28-29*

Cada vez que nos impacientamos, por no tener suficiente en el plano material, bien sea por deudas, falta de trabajo o escasez de dinero, no debemos afligirnos, sino tener fe en la provisión continua de Dios:

No os afanéis, pues diciendo: ¿Qué comeréis o que beberéis o que vestiréis? Porque los gentiles buscan todas estas cosas; pero el Padre Celestial sabe que tenemos necesidad de todas estas cosas.
Mas buscad primeramente el Reino de Dios y su justicia y cada una de esas cosas os serán añadidas.
Mateo 6:31-33

Busquemos primero su *justicia*, y confiemos sin inquietarnos, en que nuestro Padre Celestial conoce todo lo que nos hace falta y como lo podemos hallar; sólo necesitamos la fe en su gracia, desterrando todo temor o duda, y dejando el afán de este mundo. Debemos recordar que lo único que las aves y las flores hacen es obedecer el instinto que Dios ha puesto en ellas, siguiéndolo naturalmente, y siendo libres, bellas, apacibles y alegres:

Así que no os afanéis por el día de mañana, porque el día de mañana traerá su afán, y cada día su propio mal.
Mateo 6:34

EL PACTO CON DIOS

Por haber oído sus decretos,
y haberlos guardado, y puesto
por obra, Dios Padre, guardará
contigo el pacto y la misericordia
que juró a tus padres. Y te amará
y te bendecirá y te multiplicará...
Deuteronomio 7:12-13a

Si leemos el libro del Deuteronomio nos daremos cuenta que la Palabra de Dios es absoluta y precisa, la que nunca cambia, ni cambiará, y su pacto con nosotros siempre será el mismo. En este caso me voy referir concretamente a sus bendiciones, cuando cumplimos sus decretos y mandamientos: *Acontecerá que si oyeres atentamente la voz de Jehová tu Dios para guardar y poner por obra, los mandamientos que yo te he prescrito hoy, también Jehová tu Dios, te exaltará sobre todas las naciones de la tierra. Y vendrán sobre ti todas estas bendiciones y te alcanzarán, si oyeres la voz de Jehová tu Dios. Bendito serás en la ciudad... Bendito serás al entrar y bendito al salir. Deuteronomio 28:1-3 y 6* El favor de Dios estará con nosotros en todo momento, si escogemos estar bajo sus leyes, como nos dice Deuteronomio 28:

*Te confirmará Jehová por pueblo santo,
como te lo ha jurado, cuando guardares
sus mandamientos y anduvieres en sus
caminos. Y verán todos los pueblos de
la tierra, que el nombre de Jehová es
invocado sobre ti, y te temerán. Y te
hará Jehová sobreabundar en bienes
y en el fruto de tu vientre... Te abrirá
Jehová su buen tesoro del cielo, para
enviar la lluvia a su tiempo, y para
bendecir toda obra de tus manos...
Te pondrá Dios por cabeza y no
por cola, estarás encima y no
estarás debajo. Si obedeces
los mandamientos de Dios,
que yo te ordeno hoy, para
que los guardes y cumplas.
Deuteronomio 28:9-13*
Dios nos bendecirá y seremos
libres de toda enfermedad, si
seguimos sus mandamientos.
De lo contrario, atraeremos
serias maldiciones y el mal
alrededor nos alcanzará, y
la protección se alejará de
nosotros por haber dejado
la presencia de Dios Padre:
*Pero acontecerá, si **no** oyeres la
voz de Jehová tu Dios, para procurar
cumplir todos sus mandamientos y sus
estatutos que yo te intimo hoy, te vendrán
muchas maldiciones y te alcanzarán.
Deuteronomio 28:15*

¿AGRADAMOS A DIOS?

Porque al hombre que le agrada,
Dios le da sabiduría, ciencia y gozo,
más al pecador, le da el trabajo de
recoger y amontonar, para darlo
al que agrada a Dios.
Eclesiastés 2:26

Dios nos permite obrar libremente,
pero sólo hay un camino al bienestar en
el mundo, y es cumplir sus mandamientos.
Por lo tanto, es importante no alejarnos de
sus leyes y principios, ni dejarnos afectar
por las costumbres paganas del mundo.
Dios nos ha llamado a una norma más
sublime, donde podemos disfrutar de
sus promesas y bendiciones. Al igual
que un padre terrenal, nos conducirá
y nos ayudará en cualquier situación.
Pues un padre, conoce cada aspecto
en la vida de su hijo; asimismo nos
conoce el Padre Celestial, gracias a
convertirnos en sus hijos a través
de Cristo, quien nos ha lavado de
todo mal e iniquidad, para serle
agradables a Dios como Padre:
Gracias y paz sean a vosotros, de
Dios el Padre, y de nuestro Señor
Jesucristo, el cual se dio a sí mismo
por nuestros pecados para librarnos
de la maldad de este siglo, conforme
a la voluntad de Dios Padre.
Gálatas 1:3-4

También debemos tener presente que
es necesario alejarnos de la maldad,
y evitar las tentaciones, porque Dios
como Padre nos pedirá cuenta, y si el
hijo es rebelde, le castiga y si cumple
su deber lo aprueba y lo recompensa:
Reconoce asimismo en tu corazón,
que como castiga el hombre a su
hijo, así Jehová tu Dios te castiga.
Guarda, pues, los mandamientos,
de Jehová tu Dios, andando en sus
caminos, y temiéndole. Porque Jehová
tu Dios te introduce en la buena tierra
de arroyos, de aguas, de fuentes, y
de manantiales... tierra en la cual,
no comerás el pan con escasez,
ni te faltará nada en ella...
Deuteronomio 8:5-7 y 9
Para ello necesitamos tener un sentido
de total consagración y obediencia a la
voluntad de Dios, siguiendo sus leyes y
sus preceptos, los cuales nos inspiran
a no aceptar, *lo bueno por lo mejor,*
(lo mejor es la perfecta voluntad del
Padre, en lugar de nuestro capricho):
He aquí yo pongo hoy delante de
vosotros la bendición y la maldición:
La bendición si oyereis los mandamientos
de Jehová tu Dios, que os prescribo hoy, y la
maldición, si no oyereis los mandamientos
de Jehová y os apartáis del camino que yo
os ordeno hoy, para ir en pos de dioses
ajenos que no habéis conocido.
Deuteronomio 11:26-28

EL SACIARÁ TU ALMA

*Jehová te pastoreará siempre, y
en sequías saciará tu alma, y dará
vigor a tus huesos; y serás como un
huerto de riego, y como manantial de
aguas, cuyas aguas nunca faltan. Y los
tuyos edificarán las ruinas antiguas; los
cimientos de generación a generación...
y serás llamado reparador de portillos,
restaurador de calzadas para habitar.
Isaías 58:11-12*

Jesucristo nos saciará el alma, y nos
dará una nueva perspectiva frente a
la vida y podremos ver las cosas de
una forma distinta y sin confusión:
*No que lo hayamos alcanzado ya,
ni que seamos perfectos, sino que
proseguimos a ver si logramos asir
aquello para lo cual fuimos también
afianzados por Cristo Jesús.
Filipenses 3:12*
Tenemos la escogencia de olvidar las
vicisitudes y desvaríos del pasado, y
sustentar la fe, para permitir que el
Espíritu restaure nuestro presente y
renueve totalmente nuestro porvenir:
*Olvidando ciertamente lo que quedó
atrás, y extendiéndonos a lo que está
delante, prosiguiendo a la meta, al
premio del supremo llamamiento
de Dios Padre en Cristo Jesús.
Filipenses 3:13b-14*

Cuando confiamos en Jesús creyendo en su Palabra, estaremos saciados de su amor y de su inmensa paz, lo cual va más allá del intelecto, por ser tan limitado. Sólo la conexión espiritual con el Espíritu de Dios nos guiará en la dirección correcta frente a la vida: *Y por nada estéis afanosos, sino sean conocidas vuestras peticiones delante de Dios en toda oración y ruego, con acción de gracias. Y la paz de Dios, que sobrepasa todo entendimiento, guardará vuestros corazones, y pensamientos en Cristo Jesús.*
Filipenses 4:6-7
Dios nos llama a ser "santos", es la única manera de saciar nuestra sed de El, porque sería imposible, que lo celestial e infinito, pudiera ser alcanzado por lo material y lo efímero del ser humano. Por eso es importante tener una relación muy centrada en Cristo, dejando ir lo mundano por lo divino, para seguir la virtud y la rectitud ante todo, buscando lo noble y digno, y evitando todo vicio e impureza: *Por lo demás hermanos, todo lo que es verdadero, todo lo justo, todo lo puro, todo lo amable, y todo lo que es de buen nombre; si hay virtud o si es algo digno de alabanza, en esto pensad.*
Filipenses 4:8

¿QUIENES NIEGAN A DIOS?

Los necios que en su corazón dicen:
No hay Dios. Se han corrompido,
e hicieron abominable maldad.
No hay quien haga bien. Dios
desde los cielos miró sobre los
hijos de los hombres, para ver
si habría algún entendido que
buscara a Dios. Cada uno se
había corrompido. No hay
quien haga lo bueno,
no hay ni aún uno.
Salmo 53:1-3

Es triste ver como en este mundo
hay todavía personas que niegan
a Dios y no reconocen que Cristo
vino a redimir nuestros pecados:
¿No tienen conocimiento todos
los que hacen iniquidad, que
devoran a mi pueblo como si
fuera pan y a Dios no invocan?
Salmos 53:4
Como cristianos debemos orar
fervientemente por todo el que
no ha tenido la comprensión de
discernir, que Jesucristo ha dado
su vida por la humanidad, siendo
el sacrificio propiciatorio que solo
podía pagar el alto precio por toda
nuestra iniquidad, para ganarnos el
cielo y librarnos de la condenación:

El es la imagen del Dios invisible,
y el primogénito de toda creación.
Porque en El fueron creadas todas
las cosas, las que hay en los cielos
y las que hay en la tierra, visibles
e invisibles; sean tronos, dominios,
principados o potestades. Todo ha
sido hecho por medio de El y para
El. Y El es antes de todas las cosas
y todas las cosas en El subsisten.
Y El es la cabeza del cuerpo que
es la iglesia. El es el principio,
y El primogénito de entre los
muertos, para que en todo
tenga la preeminencia.
Colosenses 1:15-18
Es imprescindible dar a conocer a
Jesucristo como la imagen de Dios,
por quien fueron creadas todas las
cosas en la tierra y en el cielo. Vino
y se hizo hombre para agradar a su
Padre, y habitó entre nosotros, para
reconciliar a la humanidad con Dios
por medio de su sangre en la cruz,
y así restaurar la paz del mundo:
Por cuanto agradó al Padre que
en su Hijo habitase toda plenitud,
y por medio de El reconciliar todas
las cosas, las que están en la tierra
como las que están en los cielos,
haciendo la paz mediante
la sangre de su cruz
Colosenses 1:19-20

EL VALOR DEL PERDÓN

*Entonces se le acercó Pedro y
le dijo: Señor, ¿cuántas veces
perdonaré a mi hermano que
peque contra mí? ¿Hasta siete?
Jesús dijo: No te digo hasta siete,
sino hasta setenta veces siete.*
Mateo 18:21-22

El perdón no es sólo un buen consejo,
de hecho es realmente un mandato de
Jesús a sus discípulos, y no solamente
una vez, sino *setenta veces siete.* Pues,
perdonar se puede considerar como la
absolución que beneficia al trasgresor.
Sin embargo, consiste en soltar el peso
o la carga, dejando ir la pesadumbre y
el deseo de venganza, hacia la persona
que nos ha mentido, herido u ofendido.
La realidad es que cuando nos negamos
a perdonar, quien recibe el daño no es
la persona que nos agravió, sino muy
al contrario, es a nosotros mismos a
quien continuamos haciendo daño
cada vez que recordamos ese mal:
Mirad por vosotros mismos:
Si tu hermano pecare contra ti,
repréndele, y si se arrepintiere,
perdónale. Y si siete veces al día
pecare contra ti, y siete veces al
día volviere a ti, diciendo, me
arrepiento, perdónale.
Lucas 17:3-4

Perdonar es difícil, en especial
aquellas situaciones con personas
que nos han provocado una raíz de
amargura, la cual puede paralizar el
fluir de la vida plena, de gozo y paz.
Por lo tanto, no debemos guardar, ni
odio, ni resentimiento, ni procurar el
desquite, porque lo único que vamos
a lograr es tener un corazón afligido,
lleno de dolor, agobiado y deprimido.
¡El no perdonar, es no ver la revelación
del inmenso perdón del Padre celestial!
Sin embargo, sentimos que no se hace
justicia, pero ese ajuste de cuentas le
pertenece a Dios, diciéndonos: *Mía es
la venganza.* Dejemos todo rencor a
la justicia de Dios, guardando de no
convertirnos en un *siervo malvado*:
**Entonces llamándole su señor, le
dijo: Siervo malvado, toda aquella
deuda te perdoné, porque me has
rogado. ¿No debías también tener
la misma misericordia con ese tu
consiervo, como yo tuve contigo
misericordia? Entonces el señor
enojado, fue y le entregó a los
verdugos, hasta que pagase
todo la deuda que le debía.
Así también mi Padre que
esta en los cielos, hará a
vosotros si no perdonan
de todo corazón, a sus
hermanos las ofensas.
Mateo 18:32-35**

NINGUNA ARMA PROSPERARÁ

Ninguna arma forjada contra ti prosperará y condenarás toda lengua que se levante contra ti en juicio. Es la herencia de los siervos de Jehová y salvación de mi vendrá, dijo Jehová.
Isaías 54:17

Confiar en Dios Padre es la clave para no temer y poder estar bajo su favor y protección, si permitimos que su Espíritu transforme lo humano en celestial, a semejanza de Jesucristo: *El cual transformó nuestro cuerpo de la humillación, para que sea semejante al cuerpo de la gloria suya, por el poder con el cual puede también sujetar a si mismo todas las cosas.*
Filipenses 3:21
Siempre debemos recordar que la protección de Dios nunca nos dejará, si habitamos en su gracia: *El que habita al abrigo del Altísimo morará en la sombra del Omnipotente. Diré a Jehová: Esperanza mía y Castillo mío; mi Dios en quien confiaré, porque El me librará del lazo del cazador, y de la peste destructora.*
Salmos 91:1-3

Jesucristo es el divino Pastor que vino
para salvarnos y librarnos de todo mal.
Por la salvación nos hizo herederos de
la gracia y la protección de Dios Padre:
El Señor es mi Pastor, nada me faltará;
en lugares de delicados pastos me hará
descansar; junto a aguas de reposo me
pastoreará. Confortará mi alma, y me
guiará por sendas de justicia por amor
a su Nombre. Aunque ande en valle de
sombra de muerte no temeré ningún
mal porque tu estarás conmigo.
Salmo 23:1-4
Por lo tanto, siendo cristianos redimidos
por la sangre de Jesucristo, tenemos el
poder de resistir cualquier tentación,
sugerencia o engaño del enemigo:
Pues aunque andamos en la carne,
no militamos según la carne; pues
las armas de nuestra milicia no son
carnales sino poderosas en Dios para
la destrucción de fortalezas, derribando
argumentos y toda altivez que se levanta
contra el conocimiento de Dios, llevando
todo pensamiento en obediencia a Cristo.
2 Corintios 10:3-5
Dios nos ha dado el poder para resistir las
acechanzas, la opresión y los dardos del
enemigo, cuando dejamos el orgullo y
somos mansos y humildes de corazón:
Dios resiste a los soberbios y da gracia
a los humildes. Sométanse, pues a Dios,
y resistan al diablo, y huirá de vosotros.
Santiago 4:6-7

LA ARMADURA DE DIOS

Vestíos de toda la Armadura de Dios, para que podáis estar firmes contra las asechanzas del diablo.
Efesios 6:11

La guerra espiritual es un tema controversial entre cristianos, pero es importante reconocer y profundizar en el significado de revestirnos con toda la Armadura de Dios. Por lo tanto, les voy a presentar un análisis muy concluyente de acuerdo al orden de aparición, de esta efectiva protección de Dios:
Estad, pues, firmes, ceñidos vuestros lomos con la verdad, y vestidos con la coraza de justicia.
Efesios 6:14
Tanto la verdad como la justicia, deben caracterizar al cristiano. Este pasaje indica, cubrirnos con la verdad y revestirnos de Justicia en todo momento. Esto sucederá, al oír, entender y practicar la Palabra, manteniéndonos firmes en su estudio, para que penetre en el corazón:
El, de su voluntad, nos hizo nacer por la palabra de verdad, para que seamos primicias de sus criaturas... Porque la ira del hombre no obra la justicia de Dios. Por lo cual, desechando toda la inmundicia y abundancia de malicia, recibid con mansedumbre la Palabra...
Santiago 1:18,20-21

En Efesios 6:15, aparece la tercera arma:
Y calzados los pies con el apresto
del evangelio de la paz.
La paz de Dios se reconoce porque
sobrepasa todo entendimiento y al
caminar en su paz, podremos dar
testimonio fiel del evangelio, y la
Palabra traerá el fruto esperado:
Así será mi palabra que sale de mi
boca; no volverá a mi vacía, sino que
hará lo que yo quiero, y será prosperada
en aquello para que la envié. Porque con
alegría saldréis, y con paz seréis vueltos...
Isaías 55:11-12
En el versículo 16, está el infalible escudo:
Sobre todo, tomad el escudo de la fe,
con que podáis apagar todos los
dardos de fuego del maligno.
La fe se activa, cuando se tiene un
corazón *puro* y una conciencia limpia:
Por fe conquistaron reinos, hicieron
justicia, alcanzaron promesas, y
taparon bocas de leones, apagaron
fuegos impetuosos, y evitaron filo de
espada, y sacaron fuerza de debilidad...
Hebreos 11:33-34
Toda esta vestimenta sería inútil, sin la
salvación de Jesucristo y el poder de su
Palabra, que es una espada de doble filo
para vencer al enemigo, en la vida diaria:
Tomad el yelmo de la salvación y la espada
del Espíritu, que es la Palabra de Dios.
Efesios 6:17

VENCER LAS TENTACIONES

No os ha sobrevenido ninguna tentación que no sea humana; fiel es Dios, que no os dejará tentar, más de lo que podréis resistir, sino que dará también juntamente con la tentación la salida para que podáis soportar.
1 Corintios 10:13

Aunque no hay dos personas iguales, las tentaciones son básicamente muy parecidas, en cuanto atacan el ego del ser humano y la concupiscencia de su orgullo, su egoísmo, su avaricia, celos y mentiras, que a todos nos afecta: *Sed sobrios y velad, pues vuestro adversario, el diablo, como león rugiente busca a quien devorar; pero resistid firmes en la fe, sabiendo que esos mismos padecimientos se van cumpliendo en vuestros hermanos en todo el mundo.*
1 Pedro 5:8-9
A todos se nos presentan a diario, situaciones donde debemos elegir entre el bien y el mal; cuando no decidimos por el bien, entonces tácitamente, escogemos el mal.
El tener libre albedrío nos hace responsables de nuestro destino:

*Más el Dios de toda gracia, que
nos llamó a su gloria eterna
en Jesucristo, después que
hayáis padecido un poco
de tiempo, El mismo os
perfecciona, reafirma,
fortalece y establece.*
1 Pedro 5:10

Rechazar la tentación no es
lo mismo que pecar, pero si nos
acercamos demasiado nos será más
difícil retroceder y no caer en pecado;
dicha actitud, viene a ser como jugar
con fuego, el que posiblemente nos
quemará, si quedamos atrapados.
Es importante saber que Dios no
es quien nos tienta y nunca nos
conduciría a algo pecaminoso,
al contrario, su Espíritu nos
da la fuerza para superar la
tentación y poder resistirla:

*El Señor sabe librar de la
tentación a los piadosos, y
reservar a los injustos para
ser castigados, en el día del
juicio; mayormente a aquellos
que siguiendo la carne, andan
en concupiscencia, inmundicia,
y desprecian el señorío. Siendo
atrevidos y contumaces, no
temiendo decir mal de las
potestades superiores.*
2 Pedro 2:9-10

CORAZÓN Y ESPÍRITU NUEVO

Os daré corazón nuevo y pondré espíritu
nuevo dentro de vosotros, y quitaré de
vuestra carne el corazón de piedra,
y os daré un corazón de carne.
Y pondré dentro de vosotros mi
Espíritu y haré que andéis en mis
estatutos y guardéis mis preceptos
y los pondréis por obra.
Ezequiel 36:26-27

Jesucristo después de su subida al cielo,
envió su Espíritu Santo como consolador,
para que habitara dentro de cada creyente,
y como evidencia nos colma de amor y paz,
lo que sobrepasa todo entendimiento. El nos
sostiene y resguarda en todas las vicisitudes
de la vida. Además, nos capacita para imitar
el carácter de Jesucristo, aceptar la voluntad
del Padre, y llevar a cabo nuestro propósito.
Nos acompaña constantemente, y es nuestro
mejor amigo, guía, consejero y maestro que
podamos tener, ayudándonos a entender las
cosas de Dios, que ni siquiera imaginamos:
Cosas que ojo no vió, ni oído oyó, ni han
subido en el corazón del hombre, son
las que Dios nos ha preparado, para
los que le amamos. Dios las reveló
a nosotros por el Espíritu; porque
el Espíritu todo lo escudriña,
aún lo profundo de Dios.
1 Corintios 2:9-10

Estar en el Espíritu, es estar sincronizado
con Dios para caminar al unísono con su
plan divino y redentor. El transformará
todo nuestro ser, mente y corazón, a la
imagen de Cristo para poder discernir
y experimentar la voluntad de Dios.
Mientras vivamos en el Espíritu,
estamos bajo el control divino
de Dios, de manera que somos
renovados por su perfecto amor:
Y sobre todas estas cosas vestíos
de amor, que es el vínculo perfecto.
Y la paz de Dios gobierne en vuestros
corazones, a la que asimismo fuisteis
llamados en un solo cuerpo.
Colosenses 3:14-15
La persona que no camina en el Espíritu,
tenderá a estar confundida y sin rumbo,
y no reconocerá a Dios en Jesucristo:
En esto conoced el Espíritu de Dios:
Todo espíritu que confiesa que
Jesucristo ha venido en carne,
es de Dios; todo espíritu que no
confiesa que Jesucristo vino en
la carne, no es de Dios. Este es
el espíritu del anticristo, el cual
vosotros habéis oído que viene,
y ahora, ya está en el mundo.
Hijitos, vosotros sois de Dios y
habéis vencido; porque mayor
es el que está en vosotros, que
el que está en el mundo.
1 Juan 4:2-4

LA HORA DE LA VERDAD

Jesús les respondió diciendo:
Ha llegado la hora para que el
Hijo del hombre sea glorificado.
Juan 12:23

La hora de la verdad es
que Jesucristo vendrá y va
a ser por siempre glorificado.
Debemos estar listos para poder
presentarle el fruto de justicia que
producimos, si permanecemos en El:
Permaneced en mí, y yo en vosotros;
porque el pámpano no puede llevar
fruto por sí mismo, si no permanece
en la vid, tampoco vosotros, si no
permanecéis en mi. Yo soy la vid,
vosotros los pámpanos; él que
permanece en mí, y yo en él,
lleva mucho fruto, separados
de mi nada podéis hacer.
Juan 15:4-5
Cuando nos enfocamos en las cosas
del mundo y solo queremos placeres
y vanidades, no estamos buscando el
reino de Dios, ni podremos disfrutar
del carácter del Espíritu en nosotros.
Siempre tendremos dos escogencias,
vivir según la voluntad permisiva de
Dios, o según su voluntad perfecta,
permitiendo que el hombre viejo
muera, para llevar mucho fruto:

De cierto, de cierto os digo,
que si el grano de trigo no cae
en la tierra y muere, queda solo;
pero cuando muere, lleva mucho
fruto, y él que ama su vida, la
perderá y el que aborrece su
vida en este mundo, para
vida eterna la guardará.
Juan 12:24-25
Para producir el fruto espiritual,
hemos de renunciar a lo temporal
y superficial, que nos dejará vacíos.
¡La vida del mundo **no** dá satisfacción!
Si permanecéis en mí y mis palabras
permanecen en vosotros, pedid todo
lo que queráis y os será hecho. En
esto es glorificado mi Padre, en
que llevéis mucho fruto y seáis
de esta forma mis discípulos;
como el padre me ha amado,
así también yo os he amado,
permaneced en mi amor.
Juan 15:7-9
Dios es un Padre amoroso y
comprensivo que nos concede
los deseos de *nuestro* corazón:
Y en tu salvación como se goza,
te ha concedido los deseos de
tu corazón, y no te negó las
peticiones de tus labios,
pues te ha provisto con
bendiciones de bien.
Salmos 21:1b-3

CAMINO DE VIDA O MUERTE

*Todos los caminos del hombre
son limpios en su propia opinión;
pero Jehová, pesa los espíritus.
Hay camino que parece derecho
al hombre, pero su fin será
un camino de muerte.
Proverbios 16:2 y 25*

Cuando por primera vez leí estos pasajes, me sorprendió lo enfático y categórico de los dos versículos. Luego pude entender, que todo lo que se hace sin la guía y sabiduría del Espíritu Santo no conlleva a buen fruto, y se convierte en un esfuerzo sin valor o retribución: *Bienaventurado el hombre que ha hallado la sabiduría y que obtiene la inteligencia; porque su ganancia supera la ganancia de la plata, y sus frutos más que el oro fino. Proverbios 3:13-14* Muchas veces, dejamos que nuestra propia opinión prevalezca y creemos que nuestra obra es de utilidad para Dios. Pero sin su gracia, nada de lo que hagamos será de provecho: *Y por gracia, no es por obras; de otra manera la gracia ya no es gracia. Y si por obras, ya no es gracia; de manera que la obra ya no es obra. Romanos 11:6*

Pero al aceptar a Jesucristo, la gracia abundará en nosotros para salvación: *Porque por gracia sois salvos por medio de la fe, y esto no de vosotros pues es un regalo de Dios, y no por obras para que nadie se gloríe.*
Efesios 2:8-9
Es esencial medir las consecuencias de lo que hacemos y darnos cuenta que pagamos un precio muy alto al elegir la vida que ofrece el mundo, rechazando la protección de Dios: *Ninguna adversidad acontecerá al Justo, más el camino de los impíos estará siempre colmado de males.*
Proverbios 12:21
Las Escrituras nos enseñan a seguir la senda recta y conveniente para una vida plena, llena del fruto del Espíritu. Mientras más tiempo dedicamos a su estudio, comprensión y asimilación, más obtendremos la sabiduría y el conocimiento que nos señalará el camino de la verdad y la justicia, donde no habrá muerte eterna: *El camino de la justicia es vida, y en sus caminos no hay muerte. De sus caminos será hastiado el necio de corazón; pero el hombre de bien estará contento del suyo. El sabio teme y se aparta de todo mal; mas el insensato siempre se presenta insolente y confiado.*
Proverbios 12:28; 14:14 y 16

EL HABLAR DEL CRISTIANO

*Pero tu habla lo que está de
acuerdo a la sana doctrina... sean
sobrios, serios, prudentes, sanos en la
fe, en el amor, y en la paciencia... sean
reverentes en su porte, no esclavos del
vino, ni calumniadores, sino maestros
del bien. ...No defraudando, sino
mostrándose fieles en todo, para
en todo adornemos la doctrina
de Dios nuestro Salvador.*
Tito 2:1-3 y 10

Este hablar del cristiano debe estar
basado en la pureza y transparencia,
exhibiendo siempre una conducta de
amabilidad y benevolencia con todos.
Sin embargo, en ocasiones, debemos
amonestar, a los que **no** observan la
moralidad, y las buenas costumbres,
en la autoridad dada por Jesucristo.
El cristiano, debe caracterizarse por
expresar la verdad y hacer justicia,
siendo ejemplo de *buenas obras a*
modo de agradar siempre a Dios:
*Presentándonos en todo como
ejemplo de buenas obras; y en la
enseñanza mostrando integridad,
con palabra sana e irreprochable
de forma que el adversario se
averguence y no tenga nada
qué decir de vosotros.*
Tito 2:7-8

Estamos llamados a ser honestos
e irreprochables, siendo amables,
íntegros y humildes, y cuidando
de evitar discusiones triviales:
A nadie difamen, y no sean
pendencieros, sino amables,
mostrando mansedumbre a
todos los hombres. Para que
justificados por su gracia,
vengamos a ser herederos
conforme a la esperanza
de vida eterna. Pero evita
las cuestiones necias y
genealogías, contiendas
y discusiones acerca de
la ley; pues son vanas
y sin provecho.
Tito 3:2,7 y 9
Los cristianos debemos comportarnos
como hombres y mujeres de influencia,
dando ejemplo de seriedad e integridad,
hablando lo justo y necesario, para que
en todo momento imitemos a Cristo:
Porque la gracia de Dios se ha
manifestado para salvación de
los hombres, enseñándonos que
renunciando a la impiedad, y a
los deseos mundanos, vivamos
ahora en este siglo, sobria, justa
y piadosamente en la esperanza
bienaventurada, y en la gloriosa
manifestación de nuestro gran
Dios y salvador Jesucristo.
Tito 2:12-13

LA VOLUNTAD DE DIOS

He aquí que vengo, oh Dios,
para hacer tu santa voluntad.
En tu preciosa voluntad somos
santificados mediante Jesucristo
y la ofrenda de su cuerpo, para
limpiarnos de nuestro pecado,
de una vez y para siempre.
Hebreos 10:9-10

Como cristianos queremos
venir a Dios con la convicción
genuina y sincera de cumplir su
voluntad, y con la auténtica fe de
un verdadero encuentro con Cristo,
que conlleva una total rendición de
nuestro libre albedrío, para poder
emprender el propósito a donde
nos quiera guiar su Espíritu:
Por lo cual, como dice el
Espíritu Santo: Si oyereis hoy
su voz, no endurezcáis vuestro
corazón; como en la provocación,
el día de la tentación en el desierto;
donde me tentaron vuestros padres,
me probaron y vieron mis obras por
cuarenta años. A causa de lo cual me
disgusté contra esa generación, y dije:
Siempre están vagando en su corazón,
no queriendo conocer mis caminos.
Por tanto, juré en mi ira; no
entraran en mi reposo.
Hebreos 3:7-11

Aún siendo cristianos, muchas veces
la frustración o la incertidumbre nos
puede llevar a no confiar en lo que el
mismo Dios nos dice en las Escrituras,
y nos mantenemos fuera de su perfecta
voluntad, divagando en nuestra mente y
sintiéndonos confusos y decepcionados,
o tal vez desdichados y sin esperanzas.
En cambio, si seguimos convencidos y
con una fe genuina, comprobaremos
que ya no vivimos en esclavitud sino
que hemos sido adoptados por Dios
Padre, y podemos clamar a El cada
vez que nos sintamos agobiados,
por ser ahora sus herederos e
hijos, juntamente con Cristo
y edificados por su Espíritu:
*Porque todos los que son
guiados por el Espíritu de Dios,
éstos son hijos de Dios. Porque no
habéis recibido espíritu de esclavitud
para estar otra vez en temor, sino que
habéis recibido el Espíritu de adopción,
por el cual clamamos: ¡Abba, Padre!
el Espíritu mismo da testimonio a
nuestro espíritu, de que somos sus
hijos. Y si hijos de Dios, también
herederos: Herederos de Dios y
coherederos con Cristo, cuando
padecemos juntamente con El,
para que conjuntamente con
El, seamos glorificados.
Romanos 8:14-17*

LA LUZ RESPLANDECE

Porque Dios, que mandó que de las
tinieblas resplandeciera la luz, es El
quien resplandece en nuestro corazón,
para la iluminación del conocimiento
de su gloria en la faz de Jesucristo.
2 Corintios 4:6

Es increíble cómo después de estar en
las tinieblas, *al aceptar a Cristo,* pasamos
a una inmensa claridad, donde sentimos su
amor, que es imperecedero e incondicional.
Entonces, la luz de su Espíritu, comenzará a
resplandecer en nuestros corazones, lo cual
evidenciará el esplendor de la gloria de Dios.
Al estar en la luz, saldremos de la tenebrosa
oscuridad, producto de nuestro propio ego,
y la vanidad de nuestra mente perecedera
e insubstancial, para comenzar a vivir en
la grandeza de la magnitud de su amor:
Andad como hijos de luz*: Sed, pues*
imitadores de Dios como hijos amados.
Y andad en amor, como también Cristo
nos amó, y se entregó a si mismo por
vosotros, como ofrenda y sacrificio
a Dios Padre en olor fragante.
Efesios 5:1-2
Debemos recordar que el propósito
de Dios para con cada uno, será lo
mejor y lo más supremo que el
ser humano pueda alcanzar, al
cesar la vanidad de la mente:

*Esto pues, digo y requiero en
el Señor: que ya no andéis como
los otros gentiles, que andan en
la vanidad de su mente, teniendo
el entendimiento entenebrecido,
ajenos de la vida de Dios por la
ignorancia que en ellos existe,
por la dureza de su corazón.*
Efesios 4:17-18

Cuando endurecemos el corazón,
embotamos nuestro entendimiento
porque la mente no puede penetrar
en la sabiduría, y la altura de Dios.
Antes bien debemos limpiarnos si
¿Hay en el corazón algo que por
el sentido de honor u orgullo no
nos gustaría que nadie lo sepa?
Debemos, renunciar a ello y no
permitir que se arraigue más,
hasta que no quede rastro en
nosotros de ninguna codicia,
deshonestidad o emociones
malsanas, celos o envidias,
las que surgen de la vieja
naturaleza pecaminosa:
*Antes bien renunciamos
a lo oculto y vergonzoso,
no andando en astucia, ni
adulterando la palabra de
Dios, sino manifestando la
verdad, con toda conciencia
humana delante de Dios.*
2 Corintios 4:2

¿ENTENDEMOS LA PALABRA?

Pero ellos nada comprendieron de estas cosas y esta palabra les era encubierta y no entendían lo que Jesús les decía.
Lucas 18:34

Así como los discípulos, nosotros tampoco entendemos su Palabra, sin que el Espíritu Santo la revele. Pero lo más sorprendente es que de todas maneras, Jesús nos ha escogido, aún, a sabiendas que no le comprendemos, ni existe en nosotros sabiduría o virtud: *Si bien todos nosotros somos como polvo y todas nuestras justicias, como trapo para inmundicia, caímos todos nosotros como la hoja, y nuestras maldades nos llevaron como viento.*
Isaías 64:6

El aspecto más importante del cristianismo no es la obra que se lleva a cabo, sino el mantenerse en una íntima relación con Dios Padre a través de Cristo Jesús, profundizando las Escrituras, para poder entender el propósito que tiene para cada uno de nosotros, dejándonos moldear en sus divinas manos a imagen de Jesucristo:

Ahora pues, Jehová, tu eres nuestro Padre, y nosotros barro, y tu el que nos formaste; así que obra de tus manos somos todos nosotros.
Isaías 64:8

Cuando comenzamos a entender lo que Dios nos habla en las Escrituras, tenemos la tendencia a creer que somos especiales o poseemos una capacidad extraordinaria. Pero no se trata de nuestros talentos, sino de la gracia de Dios que nos transforma; y no de lo que traemos en nosotros, sino lo que Dios pone en nosotros:

Pero tenemos este tesoro en vasos de barro, para que la excelencia del poder sea de Dios y no de nosotros.
2 Corintios 4:7

No se trata de virtudes, ni de belleza, ni inteligencia, ni fortaleza de carácter, ni de conocimiento o experiencia, todo eso no servirá de nada para entender a Jesucristo, ni para tener una íntima relación con su Espíritu Santo. Lo único que tiene valor es estar rendidos, ante la majestad de Dios para que pueda realizar su obra en nosotros. Pues venimos a Cristo para vivir eternamente en el cielo

Porque sabemos que si nuestra morada terrestre, este cuerpo se deshiciere, tenemos de Dios un edificio, una casa no hecha de manos, eterna en los cielos.
2 Corintios 5:1

ESCUDO Y FORTALEZA

*Jehová, roca mía y castillo mío, y mi
libertador; Dios mío, fortaleza mía, en
el confiaré; mi escudo y la fuerza de mí
salvación, mi alto refugio. Invocaré a
Jehová, quien es digno de ser alabado
y seré salvo de mis enemigos*
Salmos 18:2-3

Dios es nuestro escudo y fortaleza,
cada día de nuestra vida. El es nuestro
único y verdadero refugio, y nos libra de
todo mal y peligro. Ahora más que nunca,
cuando la confusión e impiedad invaden
este mundo, los cristianos necesitamos
ser radicales en la fe, confiando en la
salvaguarda de Dios. No podemos
ser acomodaticios, tratando de
complacer al mundo, dejando
que nos domine y esclavice:
***Todas las cosas me son lícitas,
mas no todas convienen, todas
me son legales, mas yo no me
dejaré dominar de ninguna.***
1 Corintios 6:12
Cuídate de que cualquier obra
que estés haciendo para Dios no sea
mas importante que concentrarte en El;
muchas veces nos gusta tanto el trabajo
que hacemos, que nos puede distraer de
relacionarnos con Dios profundamente,
dedicándole el tiempo a cosas externas,
y dejándolas que dominen nuestra vida.

Nuestro principal objetivo debe ser el de mantenernos bajo el poder de la redención en Cristo Jesús, la que nos liberó de la muerte eterna, para convertirnos en hijos de Dios Padre, y producir el fruto de santificación:

Mas ahora, que habéis sido liberados del pecado y hechos siervos de Dios, tenéis por fruto, la santificación, y como fin, la vida eterna. Porque la paga del pecado es muerte, mas la dádiva de Dios, es vida eterna en Cristo Jesús, nuestro Señor.
Romanos 6:22-23

Cuando confiamos verdaderamente en Jesucristo, nos llamaremos sus seguidores, porque iremos con El a todas partes. El nos acogerá con su inmenso amor y gran bondad a lo largo del propósito en esta vida, donde quiera que nos mande Dios. Su defensa y resguardo, siempre estarán con nosotros, porque al ser liberados podemos adoptar y seguir de verdad su doctrina:

Porque este pueblo se acerca a mi con su boca, y con sus labios me honra, pero su corazón está lejos de mí, y su temor de mi no es más que un mandamiento de hombres que les ha sido enseñado.
Isaías 29:13

LA TIERRA PROMETIDA

Esta es la tierra de que juré
a Abraham, a Isaac y a Jacob,
diciendo, a tu descendencia la daré.
Te he permitido verla con tus ojos,
más no pasarás por ella.
Deuteronomio 34:4

Moisés murió y no entró en la
Tierra Prometida, y Dios escogió
a Josué para sustituirlo, y llevar al
pueblo de Israel a su destino inicial:
Aconteció después de la muerte de
Moisés que Jehová habló a Josué hijo
de Nun, servidor de Moisés, diciendo:
Mi siervo Moisés ha muerto; ahora
levántate y pasa este Jordán, tú y
todo este pueblo, a la tierra que
yo les doy a los hijos de Israel.
Josué 1:1-2
Josué creyó en la salvación de Dios,
pero muchos de sus contemporáneos, a
excepción de Caleb, habían muerto en el
desierto por no haber confiado en Dios:
Todos los que vieron mi gloria y mis
señales que he hecho, y no han oído mi
voz, no verán la tierra de la cual juré a
sus padres, ninguno de los que me han
irritado la verá. Pero a mi siervo Caleb,
por cuanto tiene otro espíritu y decidió
ir en pos de mí, yo le meteré en la tierra
y su descendencia la tendrá en posesión.
Números 14:22-24

Dios le prometió a Josué una constante protección, *todos los días de su vida* y que lo conduciría a él, con el pueblo, hasta llegar a su destino. Además le exhortó a que se *esforzara y fuera muy valiente,* es decir, que tuviese completa confianza en su poder, y se atreviera a seguir adelante, sin titubear durante el camino: *Nadie te podrá hacer frente en todos los días de tu vida, estaré contigo, como estuve con Moisés, no te dejaré, ni te desampararé. Solamente esfuérzate y se muy valiente, para cuidar de hacer conforme a toda la ley... no te apartes de ella ni a diestra, ni a siniestra, para que en todo lo que emprendas prosperes.*
Josué 1:5-7
Solamente Josué y Caleb tuvieron el valor de obedecer sin protestar, reconociendo la tierra prometida como *buena*, y sin temor dijeron:
Si Jehová se agradare de nosotros, El nos llevará a esta tierra y nos la entregará; tierra que fluye leche y miel. Por lo tanto, no sean rebeldes contra Jehová, ni teman al pueblo de esta tierra, porque nosotros los comeremos como pan; el amparo se ha apartado de ellos, y Jehová está con nosotros, no teman.
Números 14:8-9

¿CONFIAS EN SU CUIDADO?

Guárdame, oh Dios, porque en ti he confiado. Oh alma mía, dijiste a Jehová: Tu eres mi Señor; no hay para mi bien fuera de ti.
Salmo 16:1

A partir del momento que recibimos a Cristo en nuestras vidas, podremos comprobar y estar muy confiados de que estamos guardados por el poder de Dios y protegidos por su inefable misericordia. A partir de entonces, lograremos íntimamente, liberar la angustia y el temor que han venido de las insinuaciones del enemigo, y nunca han sido inspiradas por Dios:
Y sabemos que a los que aman a Dios, todas las cosas les ayudan a bien, esto es, a los que conforme a su propósito son llamados.
Romanos 8:28
Los seres humanos podemos ser propensos a sentirnos agobiados por las circunstancias de la vida, tendiendo a olvidarnos de poner la confianza en Dios; sin darnos cuenta que al no rendirnos a la voluntad divina de Dios Padre, viviremos siendo esclavos del mundo, la concupiscencia, y los caprichos de la mente:

¿No sabéis que si os sometéis
a alguien, sois dominados para
obedecerle, sois esclavo de aquel
a quien obedecéis, sea del pecado
para muerte, o sea de la obediencia
para justicia? Pero gracias a Dios,
que aunque, siendo esclavos del
pecado, y habiendo obedecido
de corazón, a aquella forma
de doctrina a la que estaban
entregados; pero libertados
del pecado, vinisteis a ser
siervos de la justicia.
Romanos 6:16-18

Al convertirnos en siervos de Dios,
tenemos la seguridad de su perdón
y la confianza de permanecer en El,
no viviendo más bajo la esclavitud de
este mundo. Ahora, siempre estaremos
bajo su gracia y clemencia, guiados por
su Espíritu Santo, disfrutando de la paz,
y la plenitud de vida, la cual proviene de
poder descansar en la ley y la justicia de
Dios Padre, gozando todos los días de la
libertad de ser sus hijos y herederos, y
recibiendo sus bendiciones, por ser
oidores y hacedores de su obra:
Más el que mira atentamente
a la perfecta ley de la libertad
y persevera en ella, no siendo
oidor olvidadizo, sino hacedor
de la obra, es bienaventurado
en todo lo que emprende.
Santiago 1:25

EL LLAMADO DE DIOS

Porque a los que antes conoció, también los predestinó para que hiciesen conforme a la imagen de su Hijo, que ha sido el primogénito entre muchos hermanos. A los que predestinó, a estos también llamó y a éstos también justificó, y a estos a quien justificó, también glorificó.
Romanos 8:29-30

El llamado de Dios se resume en imitar a Jesucristo, como hijos adoptivos que somos de su Padre. Al entenderlo, nos será posible atestiguar el poder de su gracia, y predicar a las personas para que reciban el mensaje de Salvación: *Declarando al Hijo de Dios con poder, según el Espíritu de santidad, por la resurrección de entre los muertos y por quien recibimos la gracia y el apostolado, para la obediencia a la fe, en todas las naciones por amor de su nombre; entre los que estáis también vosotros, llamados a ser de Jesucristo.*
Romanos 1:4-6
Aunque a veces nos hemos sentido inclinados a creer que el llamado a la evangelización es la meta de nuestra predicación, la misión encomendada es ser de Jesucristo y renacer con El:

Bendito el Dios y Padre de nuestro
Señor Jesucristo, que según su gran
misericordia, nos hizo renacer para
la esperanza viva, de la resurrección
de Jesucristo de entre los muertos, y
para una herencia incorruptible,
incontaminada e inmarcesible,
para nosotros en los cielos.
1 Pedro 1:3-4

La *herencia incorruptible* se manifiesta
cuando Cristo renueva nuestras mentes,
entonces podemos renunciar a la lascivia
y la concupiscencia de nuestra naturaleza
humana, y poder permanecer en *la buena*
voluntad de Dios, agradable y perfecta:

No os conforméis a este siglo,
sino transformaos por medio de la
renovación de vuestro entendimiento
para que comprobéis cual sea la buena
voluntad de Dios, agradable y perfecta.
Romanos 12:2

Cuando entendemos la voluntad de Dios
para con nosotros, nos volvemos hijos al
servicio del Padre. Este conocimiento nos
prepara para permanecer en Jesucristo, y
para que la divina unción de su Espíritu
permanezca en nosotros hasta el final:

Amados ahora somos hijos de Dios, y
aún no se ha manifestado lo que hemos
de ser; pero si sabemos que cuando El se
manifieste, seremos semejantes a Cristo,
porque lo veremos tal como El es.
1 Juan 3:2

SU GOZO... NUESTRO GOZO

*Estas cosas he hablado, para
que mi gozo esté en vosotros, y
vuestro gozo sea cumplido.
Juan 15:11*

El gozo no debe confundirse con un
fútil sentimiento de alegría o felicidad,
palabras que en relación con Jesucristo
se convierten en frívolas y superficiales.
El gozo de Jesucristo, fue poder cumplir
con lo que su Padre le había encargado:
Inmolarse para redimir a la humanidad,
y para ello demostró absoluta sumisión
y obediencia a la voluntad de su Padre:
*Por tanto, nosotros también, teniendo
en derredor nuestra tan grande nube
de testigos, despojémonos de todo el
peso del pecado, que nos asedia, y
corramos con paciencia la carrera
que tenemos por delante, con los
ojos puestos en Jesús, el autor y
consumador de la fe, quien por
el gozo puesto delante de El,
sufrió la cruz, menosprecio
el oprobio, y se sentó a la
diestra del trono de Dios.
Hebreos 12:1-2*
Puede que muchos no entiendan el
gozo de la expiación de Jesucristo y
se vuelvan atrás cuando tengan que
obedecer la voluntad de Dios Padre.

El gozo se ha cumplido en su
sacrificio por nosotros porque
su agonía y muerte han bastado
para satisfacer completamente el
pago por todos nuestros pecados,
presentándonos totalmente limpios,
con *gran gozo,* delante de su Padre:
*Cristo...aquel que es poderoso para
guardaros sin caída y presentaros
sin mancha, delante de su gloria
con gran gozo y alegría al único
sabio Dios, nuestro Salvador,
sea la gloria y majestad, el
imperio y potencia, ahora
y por todos los siglos.
Judas 1:24-25*
Todo lo que Dios ha hecho por
nosotros es meramente el comienzo
del gozo que tiene preparado para cada
uno de nosotros, como hijos y discípulos,
fortaleciéndonos con su poder y su gracia,
para disfrutar la herencia de relacionarnos
con El como Padre. Por lo tanto, debemos
gozarnos y dar gracias por sus prodigios:
*Tierra, no temas, alégrate y gózate,
porque Jehová hará grandes cosas.
Y os restituirá los años perdidos...
Comeréis hasta saciaros, alabando
el nombre de Jehová vuestro Dios,
el cual hizo maravillas con todos
vosotros, y nunca jamás será
su pueblo avergonzado.
Joel 2:21, 25-26*

LA RELACIÓN APROPIADA

*Es necesario que El crezca, pero que
yo mengue. El que de arriba viene es
sobre todos; el que es de la tierra, es
terrenal y cosas terrenales habla; El
que viene del cielo es sobre todos;
y, lo que vió y oyó, esto testifica,
y nadie recibe su testimonio. El
que recibe su testimonio, éste
atestigua que Dios es veraz.*
Juan 3:30-33

La relación apropiada con Cristo es
cuando permitimos que nuestro *ego*
disminuya y su Espíritu Santo crezca.
Entonces, nuestra naturaleza carnal y
las cosas del mundo, comenzaran a no
tener importancia, disminuyendo ante
nuestros ojos, gracias a esta continua
escogencia de relacionarnos con Dios
Padre, a través de su Hijo Jesucristo:
*Porque el que Dios envió, habla las
palabras de Dios; pues Dios nos da
el Espíritu en su medida: El Padre
ama al Hijo, y todas las cosas ha
entregado en su mano; y el que
ha creído en el Hijo, tiene vida
eterna, pero el que ha negado
creer en el Hijo, no puede ver
esa vida eterna, sino que la
ira de Dios está sobre él.*
Juan 3:34-36

Cuando nos relacionamos con el ego y pensamos que es imprescindible en nuestra vida, por seguro vivimos lejos de tener una relación apropiada con el Padre Celestial; con quien nos unimos a partir de nuestra entrega y consagración apoyados en la confianza de creer que su Hijo Jesucristo ha sido enviado por Dios, para salvarnos de la condenación eterna, mostrando su luz en la oscuridad de este mundo, para poder trasmitir su verdad a toda criatura que quiera experimentar al reino de Dios y la gracia de su redención:

Porque no envió Dios a su Hijo al mundo para condenar al mundo, sino para que el mundo sea salvo por El. Y el que en El cree, no es condenado; así el que no cree, ya ha sido condenado, porque no ha creído en el nombre del unigénito Hijo de Dios. Y esta es la condenación, que la luz ha venido al mundo y los hombres amaron más las tinieblas que la luz, porque sus obras eran malas. Porque todo aquel que hace lo malo, aborrece la luz y no viene a la luz, para que su obra no sea reprendida. Mas el que practica la verdad viene a la luz, para que sea manifiesto que sus obras son hechas en Dios.
Juan 3:17-21

¡NADA COMPRENDIERON!

Pero ellos nada comprendieron
de estas cosas, porque la palabra
les era encubierta y no entendían
lo que Jesús les decía.
Lucas 18:34

Aunque conozcamos las Escrituras,
no por eso siempre hemos entendido
las parábolas que Jesús nos ha dicho,
e igual que sus apóstoles, no siempre
entendemos lo que nos dice o de que
se trata, pero aún así Jesús nos eligió
como sus discípulos, sabiendo que
en nosotros no hay un perfecto
conocimiento de quien es El:
Porque lo insensato de Dios es
más sabio que los hombres y lo débil
de Dios es más fuerte que los hombres
Pues mirad hermanos, vuestra vocación,
porque no son muchos, los sabios según
la carne, ni muchos los poderosos, ni los
nobles; sino que lo necio del mundo lo
escogió Dios, para avergonzar a los
sabios; y a lo débil del mundo los
escogió Dios para avergonzar a
los fuertes; y lo vil del mundo,
y lo menospreciado, escogió
Dios para deshacer lo que
es, a fin de que nadie se
jacte en su presencia.
1 Corintios 1:25-29

Tenemos la tendencia a creer, que
el ser un buen cristiano depende de
los dones, regalos o cualidades, que
Dios mismo puso en nosotros, pero
no es por nuestras obras o talentos
que hemos sido escogidos por El:
*Porque nadie puede poner
otro fundamento que el que
esta puesto, El cual es Jesucristo.
Y si sobre este fundamento alguno
edificara oro, plata, piedras preciosas,
madera, heno u hojarasca, la obra de
cada uno se hará manifiesta; pues
el día la declarará, porque por el
fuego será revelada y la obra de
cada uno, cuál sea, el fuego la
probará. Si permaneciera la
obra de alguno que edificó,
tendrá recompensa.
1 Corintios 3:11-14*
Entenderemos completamente
cuando lleguemos al fin de nuestra
autosuficiencia, y podamos discernir
la manifestación del Espíritu de Dios :
*Así dijo Jehová: No se alabe el sabio
en su sabiduría, ni en su valentía se
alabe el valiente, ni el rico se alabe
en sus riquezas. Más alábese, el que
se hubiere que alabar, en el poder
entenderme y conocerme, que soy
Jehová, que hago misericordia,
Juicio y justicia en la tierra...
Jeremías 9:23-24*

VIVIR ES CRISTO

Porque para mí el vivir es Cristo,
y el morir es ganancia. Mas si el
vivir en la carne resulta para mí
en el beneficio de la obra, no sé
entonces qué escoger. Porque
de ambas cosas estoy puesto
en estrecho, teniendo deseo
de partir y estar con Cristo,
lo que es muchísimo mejor;
pero quedar en la carne es
más necesario por causa
de vuestro provecho.
Filipenses 1:21-24

Pablo dirigía estas palabras a los
Filipenses, reflejando su deseo de
dejarlo todo y poder unirse a Cristo
en su Paraíso. Estoy de acuerdo con
él, porque prefiero estar gozando en el
cielo, a seguir en las vicisitudes de esta
vida. Sin embargo, me quiero quedar por
vosotros, *y por la causa del evangelio de
Jesucristo,* para poder darlo a conocer a
todo el que pueda, como único Señor y
Salvador de toda la humanidad; y por
lo tanto, sólo me queda decirles lo
que le ha dicho Pablo a Timoteo:
*Te encarezco delante de Dios y
del Señor Jesucristo... que prediques
la Palabra, que instes a tiempo y fuera
de tiempo; redarguye, reprende, exhorta*

con toda paciencia y doctrina. Porque
vendrán tiempos cuando no oirán la
sana doctrina, sino que teniendo la
comezón de oír, se amontonarán
maestros conforme a sus propias
concupiscencias y apartarán de
la verdad el oído y se volverán
a las fábulas. Pero tu se sobrio
en todo, soporta aflicciones,
has obra de evangelista y
cumple tu ministerio.
2 Timoteo 4:1-5

Lo interesante es que Pablo fue un apóstol
tardío, y un hombre de gran influencia en su
época, culto, estudiado, pero que perseguía a
los cristianos fuertemente, hasta que un día
en el camino hacia Damasco, se le apareció
el Señor Jesucristo, y con la brillantez de
su rostro lo tumbó del caballo, y a partir
de aquel momento se entregó a Cristo:

Ocupado en esto, iba yo a Damasco...
cuando a mediodía, vi una luz del cielo
que sobrepasaba el resplandor del sol,
la cual me rodeó a mí y a los que iban
conmigo. Y habiendo caído nosotros en
tierra, oí una voz que me hablaba y me
decía en lengua hebrea: Saulo, Saulo,
¿Por qué me persigues? Yo entonces
dije: ¿Quién eres, Señor? Y me dijo:
Yo soy Jesús, a quien tú persigues...
He aparecido a ti para ponerte
como ministro y testigo...
Hechos 26:12-16a

ANUNCIAR EL EVANGELIO

*Pues si anuncio el evangelio, no tengo
por qué gloriarme, porque me es
impuesta necesidad; y ¡Ay de mi
si no anuncio el evangelio!*
1 Corintios 9:16

Si hemos sido transformados por
el poder de su Espíritu, podremos
tener la unción para responder al
llamado de predicar el evangelio;
siempre y cuando lo hagamos de
corazón y voluntariamente, pues
será tiempo perdido hacerlo por
recompensa o de mala voluntad:
*Por lo cual, si lo hago de buena
voluntad, recompensa tendré,
pero si de mala voluntad, esta
comisión me ha sido confiada.*
1 Corintios 9:17
No nos debe importar a donde
Iremos, a quien hablaremos, ni
tampoco que diremos, porque el
Espíritu siempre nos sostendrá y
asistirá en anunciar su evangelio:
*¿Cuál, pues es mi galardón?
que predicando el evangelio,
el Evangelio de Cristo, lo
presente gratuitamente
para no abusar de mi
derecho al evangelio.*
1 Corintios 9:18

En la medida que nos penetra
el amor de Jesucristo en nuestro
corazón, su Santo Espíritu nos va
transformando paulatinamente, y
de manera inusitada nos embarga
el deseo de compartir las buenas
nuevas del evangelio de Cristo:
Por lo cual, siendo libre de
todos, me he hecho siervo de
todos, para ganar al mayor
número...Me he hecho débil
a los débiles, para ganar a
los débiles; a todos me he
hecho de todo, para que
de todos modos se salve
alguno. Y esto hago por
causa del evangelio, y
ser copartícipe de El.
1Corintios 9:19,22-23
Debemos cumplir la comisión
para los que están perdidos y
necesitan ver la luz de Dios:
Pero si el evangelio está aún
encubierto, entre los que se
pierden está encubierto; en
quienes el dios de este siglo
cegó el entendimiento, por
incrédulos para que no les
resplandeciera la luz del
evangelio de la gloria
de Cristo, el cual es
la imagen de Dios.
2 Corintios 4:3-4

HACEDORES DE LA PALABRA

Pero sed hacedores de la Palabra
y no tan solamente oidores,
engañándoos a vosotros mismos.
Santiago 1:22

Desde el momento que nos
entregamos a Jesucristo, ni un
solo detalle de nuestra vida escapa
de su control y si intentamos soltarnos
a seguir al mundo, o los caprichos de la
mente, su Espíritu volverá a situarnos en
el punto de partida hasta que entendamos
y no olvidemos el propósito de Dios para
con cada uno de nosotros, el cual es ser
hacedores de su Palabra y no tan solo
oidores, para lograr de nosotros un
producto perfecto a imagen y
semejanza de Jesucristo.
A fin de que el hombre
de Dios sea perfecto,
enteramente preparado
para toda buena obra.
2 Timoteo 3:17
Ante el mundo y ante nosotros
mismos podemos aparentar una
conducta correcta, pero no por eso
dejamos de tener áreas en nuestra
vida que necesitan perfeccionarse;
me refiero a algunos recónditos
lugares de la mente, que no se
han reconciliado con Cristo:

Todo esto proviene de Dios,
quien nos reconcilió consigo
mismo por Cristo, no tomando
en cuenta a los hombres sus
pecados, y encargando a
nosotros la palabra
de reconciliación.
2 Corintios 5:18-19

El estudiar la Escritura y luego ponerla por obra, es esencial para ser capaces de poder orar y llevar a otros la *palabra de reconciliación*:

Así que, somos embajadores
en nombre de Jesucristo, como si
Dios rogase por medio de nosotros;
os rogamos en nombre de Cristo:
Reconciliaos con Dios.
2 Corintios 5:20

Por lo tanto, si vemos que otra persona se encuentra en medio de una lucha bastante penosa y difícil, lo cual nos entristece, la mejor manera de contribuir es no juzgarla, ni condenarla, al contrario orar para que Dios pueda consolarla El mismo:

De manera que cada uno de
nosotros dará a Dios cuenta de sí.
Así que, ya no nos juzguemos más
los unos a los otros, sino más bien
acuerden no poner tropiezo u
ocasión de caer al hermano.
Romanos 14:12-13

ANDAR EN LA LUZ

El que anda de día, no tropieza,
porque ve, la luz de este mundo;
pero el que anda de noche siempre
tropieza, porque no hay luz en él.
Juan 11: 9b-10

Cada vez que confiamos sin reservas
en Jesucristo, notaremos que muchas
veces nuestro intelecto estará en una
contradicción con su Espíritu, lo que
influye en nuestra clara conciencia.
Porque la mente no puede percibir
la luz de Dios, puesto que la fe no
se puede concebir por el intelecto,
de hecho son opuestos, como la
noche del día; así también lo es
la vida natural, de la espiritual:
Más lo espiritual no es primero,
sino lo animal; luego lo espiritual.
Y hay cuerpos celestiales y cuerpos
terrenales, pero una es la gloria de
lo celestial, y otra la de lo terrenal.
1 Corintios 15:40
Si escogemos andar en la oscuridad,
viviremos constantemente sin saber
a ciencia cierta, ni a donde vamos, ni
de dónde venimos, tropezándonos a
diestra y a siniestra, y sintiéndonos
deprimidos o siempre preocupados.
Pero, si andamos en la perfecta luz
de Dios, caminaremos sin tropiezos:

Porque Dios, que mandó que de las tinieblas resplandeciese la luz, es el que resplandeció en nuestros corazones, para la iluminación de la gloria de Dios en la faz de Jesucristo.
2 Corintios 4:6

Escojamos andar en el camino de Luz en Cristo, que nos libra de tropezar con la vanidad del mundo. Cuando nos encontramos en su luz, nos será fácil confiar y reposar en El; pero si por el contrario, nos negamos a estar en su luz y nos conformamos con vivir en la oscuridad del mundo, negándonos a experimentar la fe en Jesucristo, y la celestial experiencia de la visión de Dios, la fuerza de la relación con Cristo se debilitará y no resplandeceremos en su luz:

Vosotros sois la luz del mundo, una ciudad asentada sobre un monte no se puede esconder. Ni se enciende una luz y se pone debajo de un almud, sino sobre un candelero, y alumbra a todos los de la casa. Así alumbre vuestra luz delante de los hombres, y vean vuestra buenas obras, y glorifiquen a vuestro Padre que está en los cielos.
Mateo 5:14-16

¿QUIÉN SERÁ BENDECIDO?

¿Quién subirá al monte de Jehová?
¿Quién estará en su lugar santo?
El de manos limpias y corazón
puro, el que no ha elevado su
alma a cosas vanas o jurado
con engaño, él recibirá
bendición de Jehová...
Salmo 24:3-5

Para ser bendecidos necesitamos
vivir en la presencia de Dios Padre,
depurar nuestra vida y tener *manos
limpias,* que representan el genuino
arrepentimiento de las trasgresiones
delante de Dios. Es muy importante
ser transparentes y auténticos tanto
en todo lo que hacemos y en todo lo
que decimos, pensamos o actuamos;
es decir ser honestos en obra y en
intención, para poder desplegar
una clara conciencia, diáfana y
sensible al favor de Dios:
***Bienaventurados los de
limpio corazón, porque
ellos verán a Dios.***
Mateo 5:8
Esto implica mantenernos en una
verdadera humildad, semejante a
la sencillez de un niño, lo que nos
llevará a manifestar la fe genuina;
la cual se desarrolla, si tenemos un
corazón *puro* y la conciencia limpia:

Es pues la fe la certeza de lo
que se espera, la convicción
de lo que no se ve.
Hebreos 11:1
La fe en Cristo es la clave para recibir
sus bendiciones. Para ello se necesita
de un espíritu sincero, que no dude de
las promesas que Dios nos tiene en su
Palabra; no permitiendo que el temor,
la desconfianza y la mentira que nos
rodea nos envuelva, sino reforzando
el corazón con emociones de virtud
y justicia, entonces sus bendiciones
no se harán esperar y la vida se nos
volverá bastante más ligera. Esto lo
podemos lograr si le entregamos a
Cristo nuestras cargas, confesando
nuestras faltas, siendo honestos y
humildes, y dejando todo orgullo:
Júzgame, oh Jehová, porque
en mi integridad, he andado;
He confiado en Dios sin titubear.
Escudríñame, oh Dios y pruébame.
Examina mis íntimos pensamientos
y mi corazón. Porque tu misericordia
esta delante de mis ojos y ando en tu
verdad. No me reúno con hombres
hipócritas, ni ando con los que se
comportan simuladamente. Y
Aborrecí la reunión de los
malignos, y con impíos
nunca me senté.
Salmos 26:1-5

GLORIA A SU NOMBRE

*Si **no** os decidís de corazón, a dar gloria a mi nombre, dice Jehová de los ejércitos, enviaré maldición sobre todos vosotros; maldeciré vuestras bendiciones, y las habré maldecido, porque no os habéis decidido de corazón.*
Malaquías 2:2

Cuando los pueblos olvidan darle gloria al nombre de Dios, entonces tendremos un mundo con maldad, enfermedades y corrupción, donde abundará la inmoralidad, la ira y el escándalo. Las noticias traerán sin cesar los anuncios de todo tipo de violencias, guerras y calamidades. El deterioro moral y espiritual de los pueblos y sus gobiernos será evidente, por haber abandonado las leyes y los preceptos de Dios: *Desde los días de vuestros padres os habéis apartado de mis leyes, y no las guardasteis. Volveos a mi, y yo me volveré a vosotros, ha dicho Jehová de los ejércitos. Mas dijisteis: ¿En qué hemos de volvernos? ¿Robará el hombre a Dios? Pues vosotros habéis robado... diezmos y ofrendas.*
Malaquías 3:7-8

Todos los desastres de la historia
de la humanidad, han sido producto
de la rebeldía y los errores de hombres
soberbios y arrogantes, que han actuado
sin la verdad y la sabiduría de Dios, que
eliminando los diezmo y preceptos han
traído maldición al país donde viven:
***Maldito sois con maldición, porque
vosotros, la nación toda, me habéis
robado. Traed todos los diezmos al
alfolí y haya alimento en mi casa; y
probadme ahora en esto, dice Jehová
de los ejércitos, os abriré las ventanas
de los cielos, y derramaré sobre vosotros
las bendiciones hasta que sobreabunden.***
Malaquías 3:9-10
El diezmo es algo mínimo comparado a lo
que tenemos que pagar a los gobiernos en
impuestos. El olvidarnos de obedecer este
sagrado mandato de Dios nos empobrece.
El diezmar, salvaguarda nuestros bienes y
nos colma de bendiciones y prosperidad,
librándonos del mal y de la enfermedad.
Por ello, estamos llamados a interceder
por el perdón y la sanación del mundo:
***Si se humillare mi pueblo, sobre el
cual mi nombre es invocado, y
oraren y buscaren mi rostro y
se convirtieren de sus malos
caminos, entonces yo oiré
desde los cielos y perdonaré
sus pecados y sanaré la tierra.***
2 Crónicas 7:14

DIOS EN NOSOTROS

*Porque Dios es el que en nosotros
produce el querer como el hacer,
por su buena voluntad.
Filipenses 2:13*

Cuando finalmente nos rendimos y
entregamos nuestra vida sin reservas
a Cristo, comenzamos a experimentar a
un *Dios vivo en nosotros*; en ese momento,
su Espíritu entra en nuestro espíritu, y nos
convertimos en un templo consagrado, que
nos permite alcanzar una íntima relación,
con nuestro divino Padre Celestial, para
disfrutar su inconmensurable amor:
*Tu gran amor lo tengo siempre
presente, y ando en tu verdad.
No habito con los mentirosos,
ni me junto con los hipócritas;
aborrezco la compañía de los
malvados; no cultivo amistad
con el perverso. Señor yo amo
la casa donde vives, el lugar
donde reside tu Gloria.
Salmo 26:3,4,5 y 8*
Cuando genuinamente deseamos
que Dios esté en nosotros, debemos
rendir voluntariamente el *libre albedrío,*
para discernir con certeza su propósito y
alcanzar la gran sabiduría de lo alto que
nos equipara para poder obedecerlo y
lograr seguir su perfecta voluntad:

Entonces tus oídos oirán a tus
espaldas la palabra que diga:
Este es el camino, andad por él,
y no echéis a la mano derecha, ni
tampoco torzáis a la mano izquierda.
Isaías 30:21

Nuestra naturaleza humana tiende a
quitarle importancia a nuestros errores,
y encubrir o excusar las equivocaciones,
por lo tanto caemos en la inconsistencia,
y automáticamente nos alejamos de Dios,
pensando que podemos hacer y deshacer
porque Dios es nuestro Padre, y nos ama;
por lo tanto, asumimos nos debe tolerar,
y continuamos actuando como nos da la
gana, justificando nuestra conducta, de
no cumplir su voluntad, ni permitir al
Espíritu Santo morar en nosotros. Sin
embargo, Dios Padre nos ha llamado
a la perfección y con insistencia nos
conducirá a la santidad de vida que
como hijos amados nos destinó, y
por su gracia, podremos percibir
su propósito en su total plenitud:

Y seáis plenamente capaces de
comprender con todos los santos
cuál sea la anchura, la longitud,
la profundidad y la altura, y de
conocer el amor de Cristo, que
excede a todo conocimiento,
para que seáis llenos de
la plenitud de Dios.
Efesios 3:18-19

¡SEÑOR SÁLVANOS!

*Y entrando Jesús en la barca,
sus discípulos le siguieron. He
aquí, que se levantó en el mar
una tempestad tan grande, que
las olas cubrían la barca, pero El
dormía; y vinieron sus discípulos
y le despertaron, diciendo: Señor,
sálvanos que perecemos, y El les
dijo: ¿Por qué teméis, hombres
de poca fe? Entonces, Jesús se
levantó y reprendió al mar y
los vientos, y le obedecieron,
y se hizo grande bonanza.
Mateo 8:23-26*

El miedo y la angustia siempre nos
harán sentir que Jesús se ha *dormido*
y nos ha dejado solos en la tempestad.
Pero nada más lejos de la verdad, pues
nuestro temor es siempre producto de
la falta de fe y confianza en el poder
divino de Cristo, quien nunca dejará
que la fatalidad nos alcance, cuando
estamos con El. Pero muchas veces
nos dejamos llevar fácilmente, por
el pavor y la angustia, dejando que
nuestros problemas y situaciones
difíciles se apoderen de nuestros
sentidos, lo cual nos aleja de la
fe, y actuamos muy similar a
los discípulos en la barca:

*Y al venir la noche, la barca
estaba en medio del mar, y
Jesús solo en tierra, viendo
remar con gran fatiga a los
discípulos, porque el viento
les era contrario, y cerca de
la cuarta vigilia de la noche,
vino a ellos, andando sobre
el mar y quería adelantarse
a ellos. Pero al verle andar
sobre el mar, pensaron que
era un fantasma y gritaron,
porque todos le veían, y se
turbaron. Pero Jesús habló
con ellos y les dijo: ¡Tened
ánimo, yo soy no temáis!
Y subió a ellos en la barca
y se calmó el viento; y se
se asombraron, y en gran
manera se maravillaron.
Marcos 6:47-51*

A pesar de que Jesucristo nos ha
demostrado su poder y autoridad,
sobre todo lo creado, y su fidelidad
es evidente, continua y clemente, no
dejamos de dudar y sentir temor de
que no aparecerá en nuestra ayuda.
¡Pero con fe, el temor es disipado!

*Porque en esperanza fuimos
salvos; pero la esperanza que
se ve, no es esperanza; porque
lo que se ve ¿A qué esperarlo?
Romanos 8:24*

DIOS NOS DEFIENDE

Jehová peleará por nosotros,
y estaremos tranquilos.
Éxodo 14:14

Cuando dejamos que sea Dios el que
nos defienda, en lugar de enfrentar al
mundo por nuestra cuenta, sin contar
con su ayuda, basados por lo general,
en las experiencias pasadas, estamos
llegando a una conclusión acertada y
atraeremos gran tranquilidad por no
dudar de que Dios peleará nuestras
batallas. Debemos recordar que la
solución perfecta a cualquiera de
nuestros dilemas vendrá de una
relación íntima con su Espíritu.
El siempre nos librará de toda
preocupación y angustia, nos
favorecerá y nos enaltecerá
con su poder y cuidado, en
esta vida y por la eternidad:
Por cuanto en mi ha puesto
su amor, yo lo libraré, y le
pondré en alto, por cuanto
ha conocido mi nombre, el
me invocará, y yo le he de
responder, y con el estaré
siempre en la angustia, y
lo libraré, y le glorificaré,
lo saciaré de larga vida y
le mostraré mi salvación.
Salmos 91:14-16

Aunque parece fantástico,
que a Dios le importe lo que
nos acontece, podemos verlo
o compararlo con la manera de
como un padre o madre terrenal
les puede importar lo que le pasa
a cada uno de sus hijos. Asimismo,
Dios Padre también se preocupa por
nosotros individualmente y le agrada
que le hagamos partícipe de nuestros
asuntos, permitiéndole asistirnos; muy
semejante al placer que siente un padre
cuando nuestros hijos nos piden que les
ayudemos y sin importarnos su edad, le
tratamos de remediar sus necesidades.
Por lo tanto, al volvernos verdaderos
hijos de Dios, entregándole nuestras
cargas y confiando en su resguardo,
podremos vivir descansando en El:
*Venid a mí todos los que estáis
trabajados y cargados, y
yo os haré descansar.*
Mateo 11:28
Cada vez que nos enfrentamos a
cualquier conflicto y esperamos que
Dios nos defienda, necesitamos seguir
el camino que nos señala la Escritura:
*Así, dijo Jehová: Paraos en todos los
caminos, mirad y preguntad por las
sendas antiguas, cuál será el buen
camino, y andad por él, entonces
hallaréis un verdadero descanso
y refrigerio para vuestra alma...*
Jeremías 6:16

DESDE LAS NUBES

*Entonces vino una nube que
les hizo sombra, y desde la
nube una voz que decía: El
es mi Hijo amado a El oíd.
Marcos 9:7*

En las Escrituras las nubes
están asociadas a la presencia
de Dios, pero las nubes también
representan las circunstancias de
nuestra vida, en las cuales creemos
que no tenemos salida, ni sabemos
exactamente qué hacer. Es entonces
cuando el Espíritu Santo nos asiste y
nos muestra su existencia, porque si
nunca hubiesen "nubes" en nuestra
vida, no buscaríamos su favor, ni
tendríamos la experiencia de su
amparo y ayuda. No olvidemos,
la nube que nos guía es Cristo:
*Porque no quiero, hermanos,
que ignoréis a nuestros padres,
todos estuvieron bajo la nube, y
todos pasaron el mar, y todos con
Moisés, fueron bautizados, bajo la
nube y en el mar; todos comieron
del mismo alimento espiritual, y
todos bebieron la misma bebida
espiritual; porque bebían de la
roca espiritual que los seguía,
y la roca era Jesucristo.
1 Corintios 10:1-4*

Cuando estamos en una prueba nos
cubre una nube de tempestad, pero en
realidad estamos a los pies de Dios:
*Jehová marcha en la tempestad
y el torbellino, y las nubes
son el polvo de sus pies.*
Nahúm 1:3
Entonces debemos estar atentos
cuando Dios nos eleva en su *nube* y
nos distancia momentáneamente del
mundo y nos concentra en su Espíritu.
El desea tener una relación más íntima
y directa con cada uno de nosotros, por
medio de su gracia, su amor y bondad,
hasta hacernos partícipes de su gloria:
*Esto les pasó a: Pedro, a Juan y a
Jacobo, cuando subieron al monte
a orar y entretanto que oraban, la
apariencia de su rostro se hizo otra,
y sus vestidos blancos, se volvieron
resplandecientes. Y he aquí habían
dos varones quienes aparecieron
rodeados de la gloria; los cuales
eran Moisés y Elías y hablaban
de la partida, que iba Jesús a
cumplir en Jerusalén... Pero,
mientras hablaban, vino la
nube de Dios que los cubrió,
y tuvieron temor al entrar en
la nube. Y vino una voz desde
la nube, que decía: Este es
mi Hijo amado, a El oíd.*
Lucas 9:28-35

LA PERSPECTIVA DE DIOS

*Oíd palabra de Jehová, porque El
contiende a los moradores de la
tierra; porque no hay verdad, ni
misericordia, ni conocimiento de
Dios en la tierra. Perjurar, matar,
mentir, hurtar, adulterar imperan
y homicidio tras homicidio suceden.
Por lo cual se enlutará la tierra, y se
abatirá todo morador de ella, con las
bestias del campo y las aves del cielo,
y aún los peces del mar morirán.
Oseas 4:1-3*

Dios desde su trono tiene que contender
con la ignorancia y la falta de conocimiento
de este mundo, el cual no lo reverencia ni lo
reconoce por su naturaleza celeste y divina.
Los hombres viven en pecado, sin mostrar
ningún temor a ser castigados por tantas
trasgresiones, provocando la ira de Dios
contra el ser humano y todo lo creado:
*Mi pueblo fue destruido, porque le
faltó el discernimiento. Por cuanto
han desechado todo conocimiento,
yo los echaré del sacerdocio, por
olvidar la ley de Dios; también
yo me olvidaré de sus hijos.
Conforme a su grandeza,
así pecaron contra mí, y
también yo cambiaré
su honra en afrenta.
Oseas 4:6-7*

Cuando reverenciamos a Dios
como creador de todas las cosas,
y reconocemos a Jesucristo, como
verdadero Dios y verdadero hombre.
Entonces entenderemos su provisión
redentora que nos rescató del pecado:
Porque no hay diferencia, por cuanto
todos pecaron, y están destituidos de
la gloria de Dios, siendo justificados
gratuitamente por su gracia, por la
redención que es en Cristo Jesús.
Romanos 3:22-24
La perspectiva de Dios para con
la humanidad ha sido la de llevarnos
a todos al triunfo, a través de Cristo Jesús.
Las personas que reconocen y aman a Dios,
advierten su grandeza y su inmenso poder,
y no endurecen su corazón para ignorarlo,
sino que están atentos a su voz, que les
conduce al camino perfecto de rectitud
y verdad, sin la corrupción del pecado:
Engrandeced a nuestro Dios. El es la
roca, cuya obra es perfecta, porque
todos sus caminos son rectitud; y
Dios es de verdad y sin ninguna
iniquidad en El, es justo y recto.
La corrupción no es suya, de
sus hijos es la mancha ¿Así
le pagáis a Jehová, pueblo
loco e ignorante? ¿No es
el tu Padre que te creó?
te hizo y te estableció.
Deuteronomio 32:3-6

EL DULCE AROMA DE JESÚS

*Gracias a Dios, El cual nos lleva
siempre en triunfo en Cristo Jesús y
por medio de nosotros manifiesta en
todo lugar el olor de su conocimiento.
2 Corintios 2:14*

Es necesario estar impregnados por
el dulce aroma de Jesús, para tener
su discernimiento y poder imitarlo,
desplegando en todo momento, su
carácter afable y benigno, lleno de
sabiduría y del fruto de su Espíritu:
*Porque la sabiduría que es de lo alto
es primeramente pura, y después
pacífica, amable, benigna, llena
de clemencia y de buenos frutos,
sin incertidumbres ni hipocresías.
Santiago 3:17*
El conocimiento de Dios es lo más
elevado que un ser humano pueda
alcanzar en este mundo. Entonces,
podrá comprender su reino, el cual
Jesús compara al grano de mostaza:
*El reino de los cielos es semejante
al grano de mostaza, que un hombre
tomó y sembró en su campo; la cual es
la más pequeñita de todas las semillas;
pero cuando crece, se hace la mayor de
las hortalizas, y se vuelve árbol, de tal
tamaño que vienen las aves del cielo
y hacen nidos en sus ramas.
Mateo 13:31-32*

Jesucristo se refirió al reino de Dios en parábolas para que nuestra mente finita consiguiese entender la Palabra de Dios y se estableciera en nosotros en abundancia: *La palabra de Cristo more en abundancia en vosotros, enseñando y exhortando unos a otros, en toda sabiduría, cantando con gracia en vuestro corazón al Señor, con salmos e himnos y cánticos espirituales; y todo lo que se haga de palabra o de hecho, hacedlo todo en el nombre de Jesús, dándole gracias a Dios Padre por medio de El. Colosenses 3:16-17* El aroma de Jesús nos hace vislumbrar al reino de Dios, el que es mayor que toda la riqueza de este mundo, y al encontrarlo, todo lo demás empieza a no tener ninguna importancia, cediendo todo lo pasado para estar con El: *Porque el reino de los cielos es semejante a un tesoro escondido en un campo, el cual un hombre halla y lo esconde de nuevo, y gozoso por ello va y vende todo lo que tiene y compra aquel campo. También el reino de los cielos es semejante a uno que está buscando buenas perlas, y habiendo hallado una perla preciosa, fue y vendió todo lo que tenia y la compró. Mateo 13:44-46*

UNGIDOS PARA SU MISIÓN

El Espíritu de Jehová el Señor
está sobre mí, porque me ungió;
me ha enviado a predicar buenas
nuevas a los abatidos, vendar a los
quebrantados de corazón, a publicar
libertad a los cautivos, y a los presos
apertura de la cárcel, a proclamar el
año de buena voluntad de Jehová, y
el día de venganza del Dios nuestro;
y a consolar a todos los enlutados.
Isaías 61:1-2

El Espíritu de Dios unge a cada uno
para su misión de predicar a Jesucristo
como el Señor y Salvador, para que todos
en el mundo le conozcan, y puedan sanar
sus vidas, tanto su cuerpo físico, como la
mente y las emociones. En la medida que
escuchen la Palabra de Cristo Jesús y la
practiquen, y habiéndose entregado de
corazón y sin reservas a la sabiduría
del Espíritu Santo, que vivifica:
No que seamos competentes
por nosotros mismos, para
pensar que somos algo, sino
que la competencia proviene
de Dios, el cual asimismo nos
hizo ministros competentes de
un nuevo pacto, no de la letra,
sino del espíritu porque la letra
mata, mas el Espíritu vivifica.
2 Corintios 3:5-6

Estaremos ungidos para su misión
por el sometimiento a Cristo y por la
sabiduría de su Palabra. El nos llevará
a una perfecta armonía con Dios, y nos
guiará a manifestar su verdad de manera
sobrenatural a toda conciencia humana, al
reconocer la potestad y el gran poder, que
hemos recibido, para manifestar su gloria:
*Y vosotros seréis llamados sacerdotes de
Jehová, y ministros de vuestro Dios; y
comeréis las riquezas de las demás
naciones, y con su gloria seréis
sublimes. En lugar de vuestra
doble confusión, y vuestra
deshonra, os alabarán en
vuestras heredades; por lo
cual en sus tierras tendrán
doble honra y perpetuo gozo.
Isaías 61:6-7*
Debemos recordar que para producir el
fruto de la unción para predicación, y
mantenernos en el poder de la gloria
de Jesucristo, y tener la potestad de
ser llamados *sacerdotes de Jehová*,
y recibir el honor y el sustento de
su gozo, necesitamos cultivar su
Palabra en nuestros corazones:
*El hombre del buen tesoro de
su corazón saca lo bueno, y el
hombre malo, del mal tesoro
de su corazón saca lo malo,
pues de la abundancia del
corazón habla la boca.
Lucas 6:45*

ANTE SU PRESENCIA

Aunque el pecador haga mal cien veces y prolongue sus días, con todo, yo también sé, que les irá bien a los que a Dios temen, los que temen ante su presencia y que al impío no le irá bien... y serán como sombra, por cuanto no temen delante de la presencia de Dios.
Eclesiastés 8:12-13

Para estar ante la presencia de Dios todopoderoso, debemos tener una profunda reverencia a su deidad, reconociéndolo como soberano y creador de todas las cosas, para que podamos experimentarle y agradarle con nuestras buenas obras, *conforme a la potencia de su gloria* y fortalecidos por el Espíritu Santo, y el poder de redención de su Hijo Jesucristo: *Para que andéis como es digno del Señor, agradándole en todo, y llevando el fruto de toda buena obra creciendo en conocimiento de Dios, y fortalecidos con todo poder conforme a la potencia de su gloria, con toda paciencia, perseverancia y gozo, dándole gracias al Padre que nos hizo aptos para participar de la herencia de los santos en luz; quien*

nos ha librado de la potestad de las
tinieblas, y trasladado al reino de
su amado Hijo; en quien tenemos
redención por su sangre, y
el perdón de pecados.
Colosenses 1:10-14
Entonces, viviremos una vida plena,
colmada de amor, gozo y paz, como
esta descrito en las palabras del rey
Salomón, el cual después de mucho
estudiar e indagar la respuesta a los
sucesos, y las tantas vicisitudes del
mundo, concluye que no hay nada
mejor en esta vida que el gozar
de todo lo bueno que Dios nos
ha concedido debajo del sol:
Por tanto, alabé yo la alegría,
pues no hay bien para el hombre
debajo del sol, sino que coma, beba
y se alegre, y que esto le quede de su
trabajo los días de su vida que Dios
le concede debajo del sol. Yo, pues,
dediqué mi corazón a conocer
sabiduría, y ver toda la faena
que se hace sobre la tierra...
Anda, y come tu pan con gozo,
y bebe tu vino con alegre corazón;
porque tus obras ya son agradables
a Dios... Goza de la vida con la mujer
que amas, todos los días de tu vanidad
que te son dados debajo del sol... Pues
esa es tu parte en la vida, y en tu labor
por la cual te afanas debajo del sol.
Eclesiastés 8:15; 9:7 y 9

¿CONFIAS EN DIOS?

Confía en Jehová de todo corazón, y no te apoyes en tu propia prudencia. Reconócelo en todos tus caminos, y él enderezará tus veredas. No seas sabio en tu propia opinión; teme a Jehová, y apártate del mal; pues será de medicina a tu cuerpo, y refrigerio para tus huesos.
Proverbios 3:5-8

Cuando todo marcha bien y humanamente creemos poder manejar nuestras crisis cotidianas, nos sentimos llenos de confianza, sin darnos cuenta que estamos apoyados en nuestro propio entendimiento y habilidad. Sin embargo, cuanto surge una crisis que no podemos resolver fácilmente, nos embarga el miedo y la zozobra por haber carecido de la confianza en el dominio y la potestad de Dios: *Bienaventurado el hombre que ha puesto en Jehová su confianza, y no mira a los soberbios, ni a los que se desvían tras la mentira. El hacer tu voluntad, Dios mío, me agrada, y tu ley está en medio de mi corazón. No encubrí tu justicia en mi corazón. He publicado tu fidelidad y tu salvación...*
Salmos 40:4,8 y 10

Para confiar en la voluntad de Dios
y hacer su justicia es muy importante
conocer sus leyes, promesas y preceptos,
y no apoyarnos en nuestra propia opinión,
sino medir las consecuencias de no confiar
en la misericordia de Jesucristo, pues como
seres humanos, somos bastante propensos
a olvidar sus bienaventuranzas. Entonces
necesitamos que el Espíritu de Dios, nos
vuelva a recordar la necesidad de su
auxilio sobrenatural y divino, y en
la medida que nos entregamos a
su providencia, El nos concederá
la gracia de cumplir los anhelos
más íntimos de nuestro corazón:
*El rey se alegra en tu poder, oh
Jehová, y en tu salvación, cómo
se goza; le has concedido el deseo
de su corazón, y no le negaste toda
petición de sus labios; porque le has
salido al encuentro con bendiciones
de bien, y corona de oro fino le has
puesto sobre su cabeza, y vida te ha
demandado, y se la diste, largura de
días eternamente y para siempre, y
grande es su gloria en tu salvación,
honra y majestad has puesto sobre
él, porque lo has bendecido para
siempre; lo llenaste de alegría
con tu presencia; por cuanto
él confía en Jehová, y en la
misericordia del altísimo,
y no será conmovido.
Salmos 21:1-7*

AMAR DE CORAZÓN

*Y el amarle con todo el corazón,
con todo el entendimiento, con todas
las fuerzas, y amar al prójimo como
a uno mismo, es más que todos
los holocaustos y sacrificios.*
Marcos12:33

Amamos a Jesucristo de corazón
porque El nos amó inmensamente,
dando su vida, como único sacrificio
propiciatorio por todos los pecados de
la humanidad. Convirtiéndose por amor
a cada uno de nosotros, en un holocausto
vivo y en ofrenda agradable a Dios Padre;
para librarnos de la condenación eterna.
Jesucristo se inmoló y vertió su sangre
para cargar nuestros dolores, y todas
nuestras enfermedades, y es por ese
inagotable amor que podemos amar
a Cristo de todo corazón, y cumplir
su *nuevo mandamiento,* de amar al
prójimo como a nosotros mismos:
*Este es mi mandamiento: Que
os améis unos a otros, como
yo os he amado. Nadie tiene
mayor amor que este, que
uno dé su vida por sus
amigos. Vosotros sois
mis amigos, si hacéis
lo que yo os mando.*
Juan 15:12-14

El amor de Jesucristo es tan
incomparable, y sumamente
grande y especial, que nos da
el título de amigos, además de
habernos dado el regalo de ser
hijos de Dios, y partícipes de su
heredad y del fruto de su Espíritu:
*Ya no os llamare siervos, porque
el siervo no sabe lo que hace su
Señor; los he llamado amigos, porque
todas las cosas que oí de mi Padre,
os las he dado a conocer. No me
elegisteis vosotros a mí, sino
que yo os elegí a vosotros, y
os pongo para que vayáis
y llevéis fruto y vuestro
fruto permanezca.*
Juan 15:15-16
Jesucristo y su Espíritu nos animan
para dejar la vida del mundo, y aun
dejar atrás todo lo pasado, para dar
paso a la vida plena con Dios Padre:
*Puesto que Cristo ha padecido por
nosotros en la carne, así nosotros
también debemos tener el mismo
pensamiento; pues padeciendo en
la carne, pudo terminar con todo
el pecado; para no vivir el tiempo
que resta en la carne, conforme
a las concupiscencias de los
hombres, sino conforme
a la voluntad de Dios.*
1 Pedro 4:1-2

UN PUEBLO ESPECIAL

Porque tú eres
pueblo santo para tu Dios;
Dios te ha escogido para serle
un pueblo especial, más que todos
los pueblos que están sobre la tierra.
Deuteronomio 7:6

Somos un pueblo especial, en la medida
que conocemos y entendemos el precioso
plan de Dios para cada uno de nosotros, y
nos relacionamos con El íntimamente en la
oración y la lectura diaria de las Escrituras.
Al comprender su Palabra, nos llenaremos
de su sabiduría y del fruto de su Espíritu,
convirtiéndonos en un pueblo escogido;
disfrutando de sus bendiciones, amor,
protección y cuidado en esta tierra,
y luego eternamente en el paraíso.
No por ser los merecedores de su
gracia y su bondad, sino porque
lo ha jurado a nuestros padres:
No por ser vosotros más que todos
los pueblos os ha querido Jehová y
os ha escogido, pues vosotros erais
el más insignificante de todos los
pueblos; sino por cuanto Jehová os
amó y quiso guardar el juramento
que juró a vuestros padres, y os ha
sacado con mano poderosa, y os
ha rescatado de servidumbre...
Deuteronomio 7:7-8

Actualmente seguimos viviendo en
la servidumbre del mundo y el pecado,
y no hay diferencia entre la opresión en
los tiempos del Antiguo Testamento, y la
autocracia y la injusticia del mundo hoy.
La sociedad no ha cambiado, existiendo
conflictos y un sin número de guerras;
pero la promesa de Dios nos protege:
Acerquémonos pues con un corazón
sincero y contrito, en certidumbre de fe,
limpios de corazón y de mala conciencia,
pues lavados los cuerpos con agua pura;
y manteniéndonos firmes, sin fluctuar,
en la profesión de nuestra esperanza.
Porque fiel es el que lo prometió.
Hebreos 10:22-23
Si nos apartamos de la misericordia
de Dios Padre, para volver al pecado,
y maldad de este mundo, dejaremos
de ser el pueblo especial y escogido,
por haber ignorado las leyes y los
mandamientos de Dios, los que
son para la preservación y la
protección de la humanidad:
Por lo cual, teniendo nosotros este
ministerio según la misericordia que
hemos recibido, no desmayamos. Antes
bien renunciando a lo oculto y vergonzoso,
no andando con astucia, ni adulterando la
Palabra de Dios, sino por la manifestación
de la verdad recomendándonos a toda
conciencia humana delante de Dios.
2 Corintios 4:1 y 2

DIOS NOS ANHELA

¿O pensáis que la Escritura dice en vano: El Espíritu que Dios ha hecho morar en nosotros nos anhela celosamente?
Santiago 4:5

Dios todopoderoso, el Padre de toda la humanidad, anhela que le podamos amar de la misma forma que El nos ama y por eso su Espíritu nos aguarda pacientemente, hasta que nosotros le reciproquemos nuestro amor; cuando nos acerquemos confiadamente a su presencia para compartir toda nuestra vida y vicisitudes diarias, como lo haría espontáneamente un hijo con su padre. Es algo tan increíble que para muchos puede ser inconcebible. Sin embargo, El hizo este magnífico universo y el mundo que nos rodea, a fin de que nos regocijemos plenamente en El; sin olvidar que estamos de paso, y que no pertenecemos a este mundo: *Mas nuestra ciudadanía está en los cielos, de donde también esperamos al Salvador y Señor Jesucristo, el cual ha transformado nuestro cuerpo de la humillación, para que sea semejante al cuerpo de la gloria suya, por el poder por el cual también sujeta a si mismo todas las cosas.*
Filipenses 3:20-21

Recordemos que vivimos en un mundo temporal, y que todo lo que existe a nuestro alrededor puede cambiar de un momento a otro. Todas las circunstancias, buenas o malas son pasajeras y sólo nos queda aceptarlas y dar gracias a Dios por todas sus bendiciones. Lo único seguro que tenemos es el amor de Dios Padre, el que nos ha *anhelado celosamente*. Sólo debemos tener paciencia:

Por lo tanto hermanos, tened paciencia, hasta la venida del Señor, mirad como el labrador aguarda el precioso fruto de la tierra, y espera con paciencia, hasta que reciba la lluvia temprana y la tardía.
Santiago 5:7

La persona que no puede disfrutar de la creación de Dios en el plano terrenal, tampoco podrá comprender el deleite de vivir para siempre en el paraíso celestial. Debemos recordar que somos ciudadanos del reino de los cielos, el mundo pasará, y los triunfos serán temporales, comparados al eterno galardón que Dios Padre nos ha dispuesto para la venida de Jesucristo:

Tened también vosotros paciencia, afirmad vuestros corazones; porque la venida del Señor se acerca.
Santiago 5:8

LAS BODAS DEL CORDERO

*Gocémonos y alegrémonos
y démosle gloria; porque han
llegado las bodas del Cordero,
y su esposa se ha preparado.
A ella se le ha concedido que
se vista de lino fino, limpio y
resplandeciente; porque el
lino fino son las acciones
justas de los santos.
Apocalipsis 19:7-8*

Este pasaje, nos dice claramente
el verdadero propósito, para el cual
hemos estado llamado los cristianos,
prepararnos para ser desposados con:
*¡El Rey de Reyes y Señor de Señores,
verdadero Dios y verdadero hombre!
Yo Jesús, he enviado mi ángel para
daros testimonio de estas cosas en
las iglesias. Soy raíz del linaje de
David, la estrella resplandeciente
de la mañana. Y el Espíritu y la
esposa dicen: Ven y el que oiga
diga: Ven. Y el que tenga sed,
venga, y el que quiera tome
gratis del agua de la vida.
Apocalipsis 22:16-17*
Jesucristo, al revestirnos con su
redención, nos consagró y santificó,
para lo cual estamos todos llamados,
en prepararación para ser desposados
con Jesús mismo al fin de los tiempos:

Para santificarnos, habiéndonos
purificado con el lavamiento del agua
por la palabra, con el fin de presentarse
a sí mismo, a una iglesia gloriosa, que
no tuviese, ni mancha ni arruga, ni
cosa semejante, sino que fuese
santa y sin mancha.
Efesios 5:26-27

Es un inmenso privilegio entender
el magnífico propósito de Dios, de
darnos por esposo eterno a su Hijo,
un cónyuge tan preciado y perfecto:
El único que tiene inmortalidad,
y que habita en la luz inaccesible,
a quien ninguno de los hombres ha
visto ni puede ver, al que debemos
la honra y el imperio sempiterno.
1 Timoteo 6:16

El desposarnos con Jesucristo es el
mayor propósito que podamos tener,
y el mejor objetivo para nuestra vida.
Como cristianos, tenemos que tener
claro, que por encima de cualquiera
idea u otro "propósito", bien sea el
ocuparnos de ayudar al pobre o el
darle alimento al hambriento, ir a
ver a los enfermos o evangelizar;
nada puede ser más importante
y sería en vano lo que hacemos,
si no estamos enfocados en el
verdadero propósito de Dios:
¡PREPARARNOS PARA LAS
BODAS CON EL CORDERO!

ACERCA DEL LIBRO

Este devocional ha sido el producto
de la lectura diaria de la Palabra de Dios,
y en cumplimiento a un llamado particular
de la autora, de recopilar sus propios escritos
y seleccionar las reflexiones bíblicas que han
sido publicadas anteriormente en la revista
El Faro: The Lighthouse News, la cual llevó
la voz de Dios, a las iglesias Hispanas
en el centro y oeste de la Florida.

El Devocional tiene como fin, inspirar y
elevar a cada lector a una mayor e íntima
unión con Dios Padre, Hijo y Espíritu Santo;
descubriendo la extraordinaria relación entre
la Trinidad de Dios y la naturaleza del hombre.
La autora a su vez ha escrito un seminario para
nuevos creyentes, con la finalidad de explicar
de una manera práctica y sencilla, el proceso
de *nacer de nuevo en el Espíritu,* al recibir
a *Cristo como Señor y Salvador personal.*

Si desea presentar el seminario en
su comunidad, puede dirigirse a:
MarisaDevocional@gmail.com

ACERCA DEL AUTOR

Marisa Bella, se ha desempeñado como editora y directora Hispana de la revista "El Faro", *The Lighthouse News*, publicación mensual, que ha llevado por muchos años "la voz de Dios" a los hispanos de su comunidad. Además, los últimos nueve años, ha tenido el privilegio de escribir su propia columna devocional, en el diario semanal "7Dias", de Publicaciones *TV Net Media Group*, uno de los periódicos hispanos más destacado en los Estados Unidos.

Como profesional, estudió primeramente en Venezuela, su país natal, donde se graduó de Psicoterapeuta, culminando con su tesis de post grado con el título: *Arte como Instrumento de Terapia*, bajo la supervisión del eminente Psiquiatra y Psicólogo Dr. José Manuel Valls Pérez, Presidente del Hospital Psiquiátrico de Caracas, Venezuela.

Posteriormente, Marisa estableció su residencia en los Estados Unidos, haciendo equivalencia de sus estudios en Venezuela, y al mismo tiempo se graduó en Arte y Periodismo, culminando con una maestría en *Mental Health Counseling,* para luego poder ejercer ambas profesiones en la ciudad de Sarasota, Florida, donde reside hace más de veinte años.